ABC da prática mediúnica

ABC da Prática Mediúnica

Direitos de publicação cedidos à
Editora Mente Aberta
Rua José Falcão, 01, 1º andar, Fazenda Grande do Retiro
CEP 40350-290 - Salvador - Bahia
Tel.: 71 3484-3729
Página na internet: www.editoramenteaberta.com
email: editoramenteaberta@gmail.com

CONSELHO EDITORIAL
Cristina Helena Sarraf, Rita Foelker, Pedro Camilo

PROGRAMAÇÃO VISUAL DA CAPA
Vlad Lobão

REVISÃO E DIAGRAMAÇÃO DO MIOLO
Rita Foelker

1ª edição - 1ª reimpressão - Dezembro/2014
Tiragem: 1500 exs.

ABC da Prática Mediúnica / Pedro Camilo de Figueirêdo Neto, Rita Foelker, Gilberto (espírito). Salvador/BA: Editora Mente Aberta, 2014

128 p.
ISBN 978-85-66960-05-1

1. Mediunidade. 2. Espiritismo. I. Título.
CDD 133.9 CDU 133.7

Pedro Camilo / Rita Foelker

Gilberto (espírito)

ABC da prática mediúnica

MENTE ABERTA

Sumário

Palavras de Pedro Camilo

Abc da prática mediúnica se desenhou de forma inusitada.

Cerca de dois anos atrás, Rita Foelker me apresentou o blog Ciência do Invisível, por ela mantido há algum tempo, onde compartilha suas reflexões pessoais e algumas psicografias.

Lá, em meio aos tópicos em destaque, identifiquei um que chamou minha atenção, cujo título é, exatamente, *Abc da prática mediúnica*. Ao clicar, surpreendi vinte textos mediúnicos, ditados pelo espírito Gilberto, com abordagens que julguei bastante interessantes e atuais. Trata-se de textos psicografados por Rita entre os dias 4 e 25 de março de 2002.

Saboreei os textos e, enquanto os lia e sobre eles refletia, ocorreu-me uma ideia. Acessei o Facebook, chamei Rita *inbox* e fiz a proposta:

– Rita, que tal transformarmos os textos de Gilberto em um livro, pequeno e despretensioso, com o mesmo título, contendo comentários meus e seus a cada abordagem feita por ele?

Para minha alegria, Rita aceitou a proposta e, aos poucos, o trabalho foi se desenhando, apesar das nossas atribuições particulares. Algumas vezes, eu comentava um texto primeiro e enviava para ela, que fazia sua parte; em outras, era Rita quem começava e eu dava sequência.

Curiosamente, no último dia 4 de março, concluí meu comentário ao último texto, que também encerra este volume, intitulado "Reino de Deus", e somente hoje me dou conta de que foi exatamente em um dia 4 de março, mas de 2002, que Gilberto ditou o primeiro texto, cujo título é "Confiança".

Como não sentir-me confiante, então, diante do trabalho pronto e de tão singular sincronicidade?

Não tenho dúvidas, leitoras e leitores amigos, de que vocês gostarão destas linhas. Elas são fruto de nossas experiências, as minhas e as de Rita, no trato com a mediunidade, médiuns e espíritas que somos há alguns anos, potencializadas e orientadas pelas lúcidas e oportunas lições de Gilberto.

Lembremos, porém, que este livro não é – nem poderia ser – um tratado sobre mediunidade. É, tão somente, o *Abc da prática mediúnica*. São apenas as primeiras letras! Caberá a você, partindo dos próprios estudos e das próprias experiências, completar o alfabeto!

Aquele abraço,

Pedro Camilo

Paulo Afonso, Bahia, 6 de março de 2014.

Palavras de Rita Foelker

As primeiras letras que aprendemos, em qualquer idade, são importantes, porque elas são nossa introdução ao universo das palavras, que nos abrem os portais dos significados, que nos permitem viagens fantásticas em leituras, diálogos, cinema...

Penso que este é o espírito de um livro de primeiras noções: apresentar um contexto, tornar possível a interação intelectual ou prática com esse contexto, mediante a exposição das ideias-chave, de um modo acessível e motivador.

Quando Gilberto nos trouxe este *Abc da prática mediúnica*, eu participava como médium de um grupo que se reunia nas dependências do Lar Anália Franco, em Jundiaí/SP. Gilberto era um de nossos orientadores e comumente nos oferecia esclarecimentos pela minha faculdade psicofônica.

Já os textos iam sendo psicografados em outros momentos, fora da reunião, e foram publicados primeiro no "Jornal do CEM", coordenado pela querida Cristina Helena Sarraf. Ela participava do mesmo grupo e a publicação foi um pedido a ela dirigido pelo próprio Amigo Espiritual.

Desde logo, pareceu-nos que poderiam ser úteis e esclarecedores para outras pessoas em situação semelhante à nossa: para aqueles que adentram o universo da mediunidade e/ou querem melhor compreendê-la, porque sentem sinais de uma faculdade que em si desabrocha ou porque participam de reuniões mediúnicas e gostariam de aprofundar seu conhecimento para acrescentar qualidade à sua participação.

Acabei por transformar a essência dos textos em duas palestras que eventualmente levo a diferentes instituições.

Cristina vem usando os textos como estudo complementar em grupos nos quais aborda temas relacionados à mediunidade, segundo ela nos conta, com grande proveito.

E noto que, doze anos depois, ainda hoje, persistem em muitos lugares entendimentos acerca da mediunidade e tipos de relações com os espíritos que parecem pertencer ao passado da história humana, antes do surgimento de *O livro dos médiuns*. Ou que são importados de outras visões filosóficas e espiritualistas incompatíveis com o pensamento espírita.

Adenáuer Novais observa essa disparidade, em seu livro *Psicologia e mediunidade*[1], ao escrever, por exemplo, que "por enquanto usamos a mediunidade como instrumento para obtenção de algum favor proveniente das forças espirituais. Ainda a usamos numa relação de troca. Queremos com ela obter alguma vantagem sobre algo com o qual não sabemos lidar objetivamente."

Além disso, os espíritos ainda são tratados como "divindades", a mediunidade como um "dom místico", a reunião tem muitas vezes a conotação de um verdadeiro ritual.

Em alguns livros, a mediunidade ainda é considerada um "compromisso cármico", o que se supõe que consista num modo de "resgatar nossas faltas em vidas anteriores".

É importante recordar que nenhuma dessas visões encontra respaldo na obra de Kardec.

O valor dos textos de Gilberto está em considerar a mediunidade uma simples capacidade humana que se desenvolve, que podemos aprender a utilizar para nosso bem estar e para benefício de outras pessoas.

Que eles lhe tragam excelentes momentos de leitura e reflexão.

Rita Foelker

Jundiaí, São Paulo, 11 de junho de 2014

---

1 NOVAES, Adenáuer. *Psicologia e mediunidade.* Salvador: Fundação Lar Harmonia, 2002. p. 16.

Palavras de Calunga

O Gilberto é um moço muito fino, muito discreto, bem diferente de mim que, além de nego, sou bem mais espalhafatoso. E também sou mais alto.

Alto de altura. Mas não espiritualmente.

O Gilberto tem uma vocação pra professor. Ele gosta de ensinar e de fazer pensar, de um jeito assim, metódico. Ele tem planejamento, escreve as coisas todinhas aqui, antes de mandar praí, pra vocês lerem. Pede opinião, lê de novo.

Isso explica um pouco do processo de escrita desse livro. Ele começou a frequentar o grupo e se sentiu motivado a falar da própria prática, do próprio dia a dia, do que os médiuns sentem, das dúvidas que passam pela cabeça, das minhocagens que muitos trazem desses cursinhos feitos por aí, sem muito embasamento embora com boa vontade, na maioria das vezes.

E eu nem quero aqui criticar esse ou aquele. A jornada espiritual é única e cada um pega os atalhos e as perambeiras que preferir. Mas aqui tem uma estradinha bonita e singela que realmente leva pra algum lugar.

Porque isso é a cara do Gilberto: profundo na lição, mas facinho de entender.

Tomara que vocês gostem e, principalmente, tomara que aproveitem e que não seja mais um livro jogado num canto por aí. Porque esse livro não merece esse destino. Merece ser lido umas duas vezes. Pelo menos.

Calunga (espírito)/Rita Foelker

1 Naturalidade

Gilberto:

Aceitar a naturalidade das comunicações mediúnicas nos momentos de reunião do grupo ou, alhures, em meio às ocupações rotineiras ou nos momentos de repouso, é tão somente reconhecer, na mediunidade, as características de um sentido espiritual de que não nos podemos desfazer e retomar, a bel prazer.

Percepções mediúnicas podem estar presentes com frequência em nossas vidas, sem que delas nos tornemos dependentes e sem que tenhamos de abandonar os afazeres normais.

Nenhuma pessoa em equilíbrio passará horas seguidas a ocupar-se dos misteres mediúnicos; no entanto, é inegável que intuições, vidências ou percepções outras não têm hora ou lugar específico para acontecer. Um aviso, uma inspiração, podem ser maneiras de os Benfeitores Espirituais se achegarem a nós, quando o temor, a dúvida ou a revolta estiverem prontas a envolver nossos corações.

Os contatos com a Espiritualidade serão benfazejos quando, ao favorecer a harmonização íntima e a compreensão superior das situações que atravessamos, nos permitam ajudar com nossa fé e nossas palavras aqueles que a vida aproximou de nós. Quando, porém, tornarem-se motivo de alienação dos deveres diários, fuga da realidade e do convívio com os irmãos, é necessário encontrar, na balança das necessidades diárias, o equilíbrio entre as tarefas mediúnicas e as solicitações da vida física.

Pedro Camilo:

A mediunidade faz parte do ser, integra sua realidade interexistencial, como diria J. Herculano Pires, já que somos seres espirituais vivendo experiências no corpo físico. E se a mediunidade faz parte de nós, nada mais acertado do que a vivenciarmos como algo natural e lidarmos com ela com naturalidade.

Por mais que pareça a mesma coisa, há distinção entre ver a mediunidade como natural e lidar com ela com naturalidade.

No primeiro aspecto, leva-se em consideração a sua realidade mesma, a razão de ser da mediunidade. Bem sabemos que, na condição de patrimônio do espírito a se revelar no corpo graças a predisposições específicas deste e às necessidades evolutivas do ser, sua presença não guarda relação com o adiantamento moral do médium. Sendo uma faculdade neutra, ou seja, não sendo boa nem ruim em si mesma, trata-se de algo tão natural quanto o são, para nós, as faculdades de ver, de ouvir ou de sentir sabores.

Contudo, embora seja natural, ligada à natureza espiritual do ser, nem sempre a mediunidade é vista e vivida com naturalidade. Para muitos, mediunidade ainda é sinônimo de maravilhoso e de fantástico, o que tornaria seu portador num ser especial, com necessidade de viver imerso em uma atmosfera mística, gozando de privilégios e distinções especiais.

É aqui que surge a naturalidade no trato das questões mediúnicas. O médium, pelo fato de ser médium, não é melhor que as demais pessoas. É um ser comum, embora dotado de uma faculdade que lhe permite, de forma mais ou menos intensa, a apreensão de uma realidade que escapa à grande maioria.

Em sendo “uma pessoa comum, filho de Deus”, o médium não deve se furtar às experiências da vida por ser médium. Ao contrário, exatamente por isso é que deve viver mais intensamente, convivendo com os outros e exercitando as lições apreendidas na prática mediúnica.

Outro aspecto dessa naturalidade no trato com a mediunidade é a compreensão de que não se é médium ostensivo apenas no momento da reunião mediúnica. É claro que ali, com um ambiente favorável e propício para as manifestações mediúnicas, a mediunidade pode se apresentar com toda a sua pujança e liberdade. No entanto, “levamos conosco”, para a nossa vida, a possibilidade de contatar os espíritos e isso reclama, de nós, um comportamento compatível com a nossa compreensão da mediunidade e da realidade espiritual.

Estamos cercados de espíritos por todos os lados, assim como nos cercamos de pessoas. E se nossos olhos e nossos ouvidos, constantemente, são capazes de ver e de ouvir, respectivamente, as pessoas e seus sons onde quer que estejamos, pela mesma maneira somos capazes de captar a presença dos espíritos nos ambientes em que nos movimentamos.

Assim, é perfeitamente natural registrar a presença dos espíritos em todo canto. Contudo, o nível de comunicação que iremos estabelecer dependerá de nossa disposição e do maior ou menor controle que tenhamos de nossas faculdades.

Voltemos ao exemplo anterior. Podemos estar em um ambiente repleto de pessoas que vemos e ouvimos. No entanto, muitas são vistas e não percebidas, outras tantas são vistas e notadas, um número menor desperta interesse e com uma reduzida parcela teremos inclinação para um contato mais direto. E, dentro deste último grupo, ainda serão poucos aqueles com quem estabeleceremos vínculos mais objetivos.

Na mediunidade acontece o mesmo. Estamos aptos à percepção dos espíritos, mas isso não significa que nos devemos vincular a todos aqueles cuja presença seja registrada. Devemos permanecer abertos para inspirações e intuições que nos cheguem, mas sem deixar de selecionar as companhias e analisar criteriosamente as suas contribuições.

Ainda falando de níveis de comunicação, devemos aprender que, apesar da naturalidade e da possibilidade de contato, não devemos tornar ostensivas certas manifestações em todo e qualquer lugar. Mediunidade requer equilíbrio entre duas realidades, a física e a espiritual que, em verdade, são duas faces de uma mesma moeda.

Rita Foelker:

As questões do comportamento são complexas porque elas têm a ver com vidas passadas, crenças, cultura, educação e influências externas. Diante de tudo isso, o que poderia ser chamado de "natural"?

Não é raro entender-se que o comportamento é algo aprendido de fora, para ser usado externamente. Há as regras de etiqueta e educação, por exemplo. Há alguns códigos de ética. Há regras implícitas de como agir em casa, na vida a dois, na profissão. E assimilar essas regras pode soar como uma simples questão de treino de habilidades sociais, sem aprofundamento em seu significado. Quer dizer que se pode dizer um polido "bom dia" ao familiar ou colega, sem que necessariamente esteja agregada, a esta fala, uma intenção sincera de que o outro tenha de fato um dia assim.

Nesses casos, não se pode falar que se trata de um comportamento natural, mas aprendido. Ele pode, porém, tornar-se um hábito e ser considerado "natural" naquela pessoa, por parte de quem com ela convive, mas o mais correto será considerá-lo um comportamento automatizado.

Essas reproduções de comportamento não são naturais e podem ser, até, indesejáveis. No caso da mediunidade, por exemplo, é comum reproduzirem-se os comportamentos de médiuns conhecidos ou das pessoas mais experientes do grupo em que se procura experimentar e aprender sobre a própria mediunidade. Isso porque, antes de entrar em contato com o que ocorre dentro de si, de forma natural, há quem prefira assumir a conduta das pessoas próximas como se fossem modelos a serem seguidos – frequentemente, por insegurança.

Isso resulta em adotar trejeitos ou jargões durante as manifestações e pode, mesmo, levar a reproduzir o gestual, a entonação de voz e outros estilos de expressão, conduzindo muitas vezes a "forçar" a aparência de que uma comunicação está ocorrendo, quando de fato não se chegou a perceber a ligação mediúnica a ponto de transmitir o pensamento de um espírito. E faz parte da autenticidade do médium dizer que não está percebendo nada, quando não estiver.

Não cabe, no campo do autoaprimoramento perante a prática mediúnica, buscar referências externas que não sejam as avalizadas por Kardec, em *O livro dos médiuns*. A mediunidade é um sentido. Cabe-nos sentir, acostumarmo-nos com suas sensações, aprendendo a reconhecê-las e descobrindo como agir perante elas. No meu entender, é aqui que vamos descobrindo o sentido da naturalidade e aprendendo a deixá-la acontecer.

2 "Passividade"

Gilberto:

Contribuir. Somar.

O médium tem participação ativa nas comunicações dos espíritos e no contexto da reunião.

Nas comunicações, dizer-se que o médium oferece aos espíritos "passividade" cria, algumas vezes, ensejo a um equívoco de interpretação.

O médium não se anula, não abdica de sua vontade, nem de seu autodomínio; não atua como um aparelho telefônico sem qualquer influência no processo de intercâmbio com a Espiritualidade.

Passividade significaria, outrossim, que o médium abre o campo mental e, confiando na orientação superior dos trabalhos, permite-se assimilar as ondas mentais e magnéticas de criaturas presentes, para que possam expressar suas necessidades e opiniões, abstendo-se de interferir, de interpor suas próprias ideias às apresentadas pelas entidades comunicantes.

As conquistas intelectuais e morais do médium têm capital importância na qualidade das comunicações e no próprio comportamento dos espíritos comunicantes, seja qual for a classe a que pertençam. Afinal, a sua qualidade fluídica também se transmite ao espírito a ele ligado.

Se os pensamentos pertencem aos desencarnados, do médium procede todo o arcabouço linguístico.

Também os bloqueios, inibições e outras peculiaridades de sua psicologia afetam decisivamente a produção mediúnica e a inteligibilidade das ideias expostas.

Na reunião, o médium compenetrado de suas funções atua como o fiel da balança do equilíbrio, identificando perturbações no ambiente, registrando as inspirações dos espíritos orientadores, atendendo ao chamado intuitivo para um socorro mais adequado a certas ocorrências e expondo suas impressões e sensações que podem auxiliar nas avaliações a que toda tarefa deve se submeter, de tempos em tempos.

Ao médium, como aos demais participantes, cabe pronunciar-se a respeito das sensações e sentimentos atuais ou posteriores à reunião, dos procedimentos que achar inadequados, oferecendo sugestões sempre no sentido de melhoria do desempenho da tarefa em seus múltiplos aspectos.

Como se vê, o papel do médium pouco tem de passivo, observando-se apenas que suas palavras tenham sempre o condão do amor e o objetivo de servir, na construção da harmonia coletiva.

Rita Foelker:

Abrir o campo mental.
Confiar na orientação superior.
Permitir-se assimilar ondas mentais.
Abster-se de interferir nas ideias transmitidas.
Identificar perturbações.
Registrar inspirações.
Expor impressões e sensações.
Pronunciar-se sobre sensações e sentimentos.
Oferecer sugestões.

Gilberto utiliza verbos que expressam escolha e ação.

A atuação do médium na reunião em que colabora é ativa, tende a se ampliar e se aperfeiçoar, com o passar do tempo.

Mas é importante observar que nada disso, o médium faz sozinho. Para abrir o campo mental e confiar, é preciso sentir-se à vontade na reunião, ter segurança na seriedade e comprometimento do grupo e, também, no concurso dos Benfeitores invisíveis. Essa base, associada ao conhecimento da teoria contida em *O livro dos médiuns*, possibilita boas condições para que ele desempenhe satisfatoriamente sua função no grupo.

E se houver essa base, mais colaboração será viabilizada: mais tranquilidade para registrar o ambiente, para receber inspirações, para expor sem receios aquilo que experimentou, enfim, para sugerir o que lhe pareça proveitoso para uma reunião mais eficiente, com mais união entre os membros...

Enfim, oferecer melhores condições para que o médium ofereça seu concurso é um dos pontos chaves da melhoria do próprio trabalho, como um todo.

Pedro Camilo:

A passividade que se espera do médium, na condução das manifestações, é o que poderíamos chamar de "passividade ativa". Diferente do sentido original da palavra, em que o passivo se submete pura e simplesmente a outra vontade, na "passividade ativa" o médium deve encontrar o meio termo entre o oferecer espaço psíquico e emocional para que o espírito se expresse e o necessário juízo de conveniência e oportunidade de externar determinadas ideias e formas de linguagem.

Oferecer espaço psíquico e emocional para o espírito é o primeiro desafio do médium na comunicação. A cultura que se tem difundido no Movimento Espírita, de que o médium não se deve permitir abrir os olhos, gesticular, alternar o tom de voz e demonstrar algum tipo de emoção durante a manifestação mediúnica, não só é contrária à própria naturalidade do processo, como também impede que o espírito revele sua identidade, distinguindo-se, o quanto possível, da pessoa do médium. Por essa razão, este deve, o quanto possível, permitir que o espírito "seja ele mesmo", e não um robô aprisionado em padrões de comportamento previamente fixados e que terminam por mutilar os traços que possibilitam identificar o comunicante[2].

Contudo, nesse exercício não pode descuidar da devida vigilância. Ao mesmo tempo em que deve oferecer condição para o espírito ser e revelar quem ele é, o médium deve permanecer atento para não permitir que cometa excessos, tais como a utilização de linguajar inadequado, gesticulação chula e tentativas de agressão, dentre outros. O seu papel também é o de quem controla e ensina e, por isso, não deve permitir que o espírito extrapole os limites do razoável.

Exatamente por não conseguir encontrar esse meio termo entre entrega e controle, fruto da insegurança e da falta de estudo e reflexão adequada sobre o processo mediúnico, costuma-se evitar a entrega, dando-se ênfase maior ao controle que, quando excessivo, prejudica a realidade da comunicação e deixa, tanto o médium quanto o espírito, com uma sensação de incompletude.

Entrega controlada, com cautela e vigilância, é o que chamamos de "passividade ativa", haja vista que, como lembra Gilberto, "o papel do médium pouco tem de passivo", devendo, sim, ter "sempre o condão do amor e o objetivo de servir, na construção da harmonia coletiva".

---

2 Recomendamos a leitura do livro *Diversidade dos carismas*, de Hermínio C. Miranda, que trata suficientemente do assunto ao falar das experiências mediúnicas da médium Regina.

3 Experiências

Gilberto:

Experimentar é o caminho da evolução do pensamento.

As hipóteses nascem da dúvida e da criatividade, mas só a experiência nos indica a mais correta e faz com que as ideias se transformem. Só a experiência confere certezas.

As pessoas inteligentes são abertas à experimentação, porque enxergam ali a possibilidade de avançar em entendimento.

Muito embora possamos preferir a segurança dos caminhos já trilhados e dos procedimentos consagrados, não há progresso sem experimentação.

No campo dos potenciais mediúnicos, não é diferente. Ninguém sabe o que é ou como funciona a própria mediunidade, se não se predispõe a experimentar de mente aberta e desprevenida, sem expectativas e deixando de lado os naturais bloqueios.

Tudo o que é novo pode parecer assustador. Na verdade, gostaríamos de apresentar nossos dons quando eles já estivessem plenamente maduros, quando já soubéssemos de antemão de que se trata, como funciona, o que vai acontecer... Tal insegurança reflete nosso receio de que apareçam aspectos de nossa personalidade que gostaríamos de ocultar.

Porém nenhuma criatura encarnada na Terra é um ser acabado, nem no que tange à mediunidade, nem no que se refere à cultura, sentimentos, ética, autoconhecimento. E experimentar é o único meio seguro de ganharmos intimidade com nossa faculdade mediúnica adquirindo, também, conhecimento e segurança quanto às suas possibilidades.

Rita Foelker:

Nos primeiros contatos com as manifestações da possível mediunidade ostensiva, o possível médium tende a duvidar de si, de suas sensações e dos pensamentos que lhe ocorrem. Algumas vezes, irá atribuí-los à sua imaginação. Mas pode também ocorrer o extremo oposto: considerar quaisquer ideias e imagens percebidas como efeitos da comunicação de espíritos.

Entre ambas as possibilidades, o caminho do meio mostra-se o mais sensato e seguro. Nem tudo precisa ser imaginação, nem tudo precisa ser comunicação, uma distinção que se aprende a fazer com o tempo e o treino.

Do ponto de vista do próprio médium que inicia seu contato com o universo das relações com os espíritos, perante indícios da faculdade ostensiva, o trato com a mediunidade reside numa faixa de terreno muito estreita, porém firme, entre a sensibilidade e a confiança. Esses dois aspectos influenciam o processo de experimentação, as conclusões sobre a existência da faculdade mediúnica ostensiva e, mais adiante, a própria prática mediúnica.

É necessário sentir, abrir a sensibilidade várias vezes, em momentos vários e para espíritos diversos, para – e somente então – passar a confiar na sua capacidade de agir como intermediário. Mas é necessário confiar naquilo que se sente, para adquirir a desenvoltura necessária ao exercício da mediunidade produtiva, se ela existir.

Confiar para sentir.

Sentir para confiar.

Como equilibrar esta balança?

A experimentação e o exercício correspondem ao procedimento adequado para que a confiança e a sensibilidade sejam ajustadas às próprias condições pessoais, ao tipo de mediunidade que despontou (intuitiva, semimecânica, mecânica), ao modo particular de cada um registrar a presença dos espíritos e de se sentir ligado(a) a eles.

E pouco o ajudará tentar se pautar exclusivamente por relatos de experiências de outros companheiros, porque isso só pode contribuir para pensar e raciocinar sobre a questão, enquanto a base do trabalho com os potenciais mediúnicos situa-se no terreno do *sentir* com mais propriedade e sutileza, chegando ao ponto de ter segurança a respeito da própria faculdade, suas potencialidades e seus limites.

Ao entregar-se às experiências com a faculdade mediúnica, não se deve também restringir o impulso de escrever ou falar, por achar que são frases sem maior relevância. A produção mediúnica nessa etapa inicial é, em geral, apenas destinada a treinar o médium no uso de sua mediunidade, um meio pelo qual ele se capacita a atividades com maior grau de complexidade e exigência.

Pedro Camilo:

No livro ... *É quase amanhã*, psicografado pelo médium Gilberto Campista Guarino, o espírito Irmão X relata um encontro que tivera com Yvonne do Amaral Pereira no mundo espiritual. Na ocasião, o conhecido repórter do além entrevistou a médium desencarnada, propondo-lhe uma série de perguntas a respeito da mediunidade e dos médiuns.

A certa altura do diálogo, Yvonne afirma que "faculdade mediúnica é feito impressão digital: cada uma é uma, e nenhuma se repete", revelando o grande conhecimento que acumulou ao longo de décadas devotadas ao cultivo e ao estudo da mediunidade.

Sim, cada médium é um universo à parte, uma realidade *sui generis*, um campo diferente e desconhecido, a ser explorado com critério e responsabilidade. Não é possível conduzir dois processos mediúnicos da mesma maneira, haja vista que se dão com pessoas diferentes, com peculiaridades diferentes e, consequentemente, com experiências mediúnicas diferentes.

A prática cotidiana tem revelado isso: por mais que dois médiuns apresentem a mesma possibilidade mediúnica, cada um a vivenciará de modo próprio. Seja em função das várias especialidades mediúnicas, seja pelas características dos espíritos que estão mais diretamente ligados aos médiuns e os auxiliam no afloramento da mediunidade, seja mesmo por conta das características individuais do médium, os contornos que as faculdades mediúnicas assumem, caso a caso, indicam que, fora dos princípios gerais, qualquer ideia de padronização da prática mediúnica se revela infrutífera e desastrosa.

Daí porque dirigentes e médiuns necessitam de acurada observação nas experiências mediúnicas. Cada novo participante traz, consigo, as singularidades de seu próprio processo mediúnico. Ainda que apresentem psicofonia, psicografia ou vidência, faculdades conhecidas e estudadas por importantes nomes, como Kardec, Hermínio Miranda e André Luiz, aquele novo componente certamente revelará peculiaridades que ou não foram, até então, observadas, ou não o foram com a devida atenção.

Deve-se desenvolver essa sensibilidade para perceber o diferente no aparentemente igual. Quando se propõe uma prática mediúnica padronizada, em que médiuns são convencidos a se comportar desta ou daquela forma julgada “correta”, corre-se o risco não apenas de se perder o aprendizado dessas singularidades de cada indivíduo, que Yvonne Pereira compara à impressão digital, como também de se inibir a manifestação da própria mediunidade, com prejuízo para o medianeiro e para o grupo.

Se o Espiritismo é ciência, o exercício mediúnico é o seu campo de experimentação por excelência. Foi assim que Allan Kardec o tratou e é dessa maneira que com ele devemos lidar. Pensar uma prática mediúnica estanque, sem possibilidade de renovação e fechada para a observação e o questionamento, é o mesmo que condenar o Espiritismo ao ostracismo e a um dogmatismo que depõe contra o seu caráter dinâmico.

Aprendamos com Kardec e sigamos seus exemplos de zelo, bom senso e disposição para o novo. Caso ele não tivesse a mente suficientemente aberta para "ver com olhos de ver" os fenômenos com que se deparou, onde estaríamos agora?

4 Flexibilidade

Gilberto:

A despeito do rigor com que se consideram certas regras para a prática mediúnica, a mediunidade não necessariamente se lhes submete.

Nos trabalhos mediúnicos, sempre será necessária certa flexibilidade, não quanto aos princípios espíritas que norteiam as ações, nem quanto à moral de médiuns e espíritos, mas quanto aos procedimentos arbitrados como os melhores para circunstâncias específicas.

É importante que o médium possa sentir-se confortável em seu raio de ação, que não seja tolhido por pareceres que nada têm de doutrinários e que possa, se sentir tal impulso, levantar-se, gesticular, falar com mais veemência, aproximar-se de um dos presentes, desde que nenhuma destas atitudes denote descontrole sobre si mesmo e predomínio de um espírito que vem somente tumultuar.

Se mediunidade é expressão de pensamentos, por que não expressá-los (se o médium tiver condições) de forma mais completa, associando-se, à palavra falada, as expressões faciais e gestuais que nos possibilitem compreender melhor o modo de ser da criatura que nos fala e que conta, para ser compreendida, unicamente com os recursos oferecidos pelo médium e a harmonia do ambiente construído pelo grupo?

Muitas vezes, além dos médiuns, os espíritos se veem prisioneiros de normas rígidas impostas por dirigentes avessos à espontaneidade e ao novo. Revelam, esses irmãos encarnados, a impressão da própria incapacidade para administrar situações que fujam da rotina. Sob a justificativa do zelo pela prática espírita genuína, amarram e amordaçam criaturas que tantas vezes só desejam expandir seu carinho e sua afetividade.

A comunicação mediúnica e a expressão do espírito não são somente verbais, não podem ser reduzidas a palavras ditas ou escritas. Somos seres integrais, exteriorizando aquilo que somos em nossos fluidos, emoções, pensamentos, sentimentos e atos.

Pedro Camilo:

A rigidez é reflexo da insegurança; esta, da falta de conhecimento.

Quando não lidamos de forma leve e aprofundada com o conhecimento, sobretudo na prática mediúnica, criamos regras absolutas que, em sua maioria, somente espelham a insegurança de dirigentes e sua falta de habilidade para lidar com a diversidade.

Como alertado por Gilberto, nada há de "doutrinário" em se pretender impor aos médiuns que não exteriorizem qualquer tipo de emoção durante os transes psicofônicos. Aliás, como impedi-lo, quando o médium se vê envolvido nas sensações dos espíritos, em suas emoções, naquilo que mobiliza sua vontade? Como não assimilar-lhes o ódio, a dor ou o prazer, quando este processo de empatia é indispensável para o melhor ajustamento da sintonia mediúnica? Como pretender sufocar traços que são reveladores não apenas da intencionalidade do espírito, como também de sua condição espiritual, se tais informações são fundamentais para o bom diagnóstico das suas necessidades e da melhor condução do diálogo?

A exteriorização do pensamento dos espíritos por meio de gestos e expressões faciais deve ser vista como algo natural. Quanto à gesticulação, Lamartine Palhano Jr. chega mesmo a afirmar que constitui uma peculiaridade, uma variação da psicofonia, uma especialidade a que denomina "psicopraxia", ou seja, a fala dos espíritos acompanhada pela comunicação gestual.

Partindo da visão de Palhano Jr., tolher gesticulações durante a manifestação mediúnica seria, mesmo, impedir a manifestação da própria mediunidade. Para certos médiuns, não seria uma simples questão de escolha e controle, mas condição mesma do fenômeno, assim como a própria fala, a escrita ou a percepção visual na psicofonia pura e simples, na psicografia ou na vidência, respectivamente.

Daí porque dizemos que, adotando regras rígidas de conduta durante as manifestações, não reconhecemos a leveza e a profundidade do processo mediúnico. Leveza, sim, porque a espontaneidade é consequência da simplicidade. Como somos "simplesmente" humanos, no corpo ou fora dele, também os espíritos devem ser reconhecidos como tais e como tais tratados. Não devem ser abordados com excesso de formalidade ou com pieguice, reverencialmente ou como "pedintes maltrapilhos" e, sim, como gente.

E falamos em profundidade, também, porque somente quem possui uma compreensão superficial do processo mediúnico e da condição humana ignora que a mediunidade é tão diversa e singular quanto o são as pessoas. Em meio ao plural, é indispensável guardar certa flexibilidade, "não quanto aos princípios espíritas que norteiam as ações, nem quanto à moral de médiuns e espíritos, mas quanto aos procedimentos arbitrados como os melhores para circunstâncias específicas", como lembra Gilberto.

É preciso considerar o imprevisto e o diverso, criando condição para que o novo surja, desafiando-nos a compreensão e permitindo-nos novos conhecimentos. E tudo isso sem comprometer a disciplina mediúnica.

Rita Foelker:

Houve um tempo em que tudo na prática mediúnica era novo. No século XIX, a curiosidade e a excitação transformaram manifestações de espíritos em motivos de reuniões sociais e entretenimento. Esta foi uma etapa daquela que o escritor Arthur Conan Doyle (1859-1930), em sua *História do Espiritismo*, chamou de "invasão organizada" dos espíritos, que vinham dar ciência de que estavam vivos após a morte de seus corpos, que constituiam um tema digno de atenção da ciência e dos meios culturais.

Não mais salas fechadas, não mais ambientes restritos. Pessoas de boa vontade e ávidas de novos conhecimentos poderiam iniciar suas experiências e descobrir seus potenciais mediúnicos. Essa abertura e a multiplicação dos grupos tornaram possível iniciar o estudo, não apenas da filosofia que se depreendia do contato com a realidade espiritual, mas também das condições para realização de boas reuniões mediúnicas. A contribuição de Kardec, da Sociedade Parisiense de Estudos Espíritas e dos grupos com os quais se correspondia o mestre de Lyon, possibilitou estabelecer princípios para uma prática mediúnica segura e com bons resultados práticos, princípios que se mantêm válidos até hoje.

Mas princípios não são regras, embora alguns dicionários os apresentem como sinônimos. Princípios são afirmações fundamentais de uma ciência ou filosofia, da qual outras afirmações podem ser derivadas. Já regras são prescrições, normas que regulam procedimentos.

Ao longo de 12 anos foram sendo publicadas as chamadas Obras Básicas da Doutrina, contendo conceitos essenciais e princípios norteadores de toda teoria e prática espírita. E na prática espírita destaca-se todo o rol das atividades mediúnicas, o funcionamento do intercâmbio entre os dois planos da vida. *O livro dos médiuns*, em especial, traz conceitos, explicações, exemplos, orientações, comentários, baseados no conhecimento das leis da vida espiritual. Nenhuma receita de como proceder numa reunião mediúnica. Nenhuma listinha de regras...

Não é difícil perceber, no entanto, que, de lá para cá, em muitas casas espíritas, foram surgindo regras aqui e ali. Algumas delas teriam razões plausíveis? Talvez, relacionadas à particularidade de cada agrupamento, ao tipo de trabalho (desobsessão, cura, psicografia, orientação espiritual etc.). Porém, se as regras são muitas, e se são muito rígidas, logo se percebe que, na outra ponta, falta bom senso e adequação.

Regras demais, regras de aplicação excessivamente rígida. É assim que se instala a inflexibilidade numa reunião ou grupo, retirando ao momento mediúnico toda a sua espontânea plasticidade e parte da riqueza de manifestações, cerceando a oportunidade de um contato mais pleno com a vida espiritual que nos cerca e permeia nosso ambiente.

Então, é importante que tenhamos princípios norteadores, sob o risco de descaracterizarmos a prática como espírita, de abrir mão de cautelas necessárias. Podemos ter algumas regras de funcionamento no grupo ou na reunião. Mas é igualmente importante sopesar as características peculiares de cada trabalho, de cada médium e espírito comunicante, para não abafar e não perder bons frutos do trabalho mediúnico sob o excesso de peso das restrições e proibições.

5 Grupos & grupos

Gilberto:

Costuma-se chamar de grupo, qualquer reunião de pessoas envolvidas em alguma atividade. Quando se trata de grupos mediúnicos, alguns apontamentos importantes deverão ser feitos.

Um grupo mediúnico começa com pessoas que se identificam por certo perfil: por participarem de estudos da casa espírita, por terem ouvido falar do Espiritismo ou por terem curiosidade de conhecer as atividades dos médiuns, porque sofreram alguma perda e procuram o conforto da comprovação da imortalidade, por terem sentido sinais da eclosão da mediunidade e precisarem entender e lidar com esta nova condição... Enfim, são levadas por razões bastante diversificadas e têm objetivos pessoais definidos.

Para integrar a equipe encarnada dos trabalhos com a mediunidade, contudo, hão de estar cientes de alguns fatores decisivos para o êxito e a qualidade dos resultados obtidos.

Primeiro, é importante que, num grupo mediúnico, ninguém se considere um mero espectador, nem participe por razões estritamente particulares. Nossa participação também consiste na cota indispensável de sentimentos e pensamentos, que oferecemos antes, durante e depois da reunião, em favor de todos os encarnados e desencarnados, sejam atendentes ou atendidos.

A formação do grupo leva em conta as características do trabalho que se pretende realizar, seja experimentação, estudo ou socorro a espíritos necessitados. Seja qual for a natureza do trabalho, sempre possui funções específicas e os participantes precisam buscar colaborar da melhor maneira possível, naquela em que melhor se adaptem.

Em geral, um grupo recém-formado tem pessoas desempenhando vários papéis, mas quando ele amadurece e cada um descobre sua tendência, é natural que se especialize nas funções de médiuns de transe, aplicadores de passes, dialogadores ou médiuns de sustentação, e é desejável, mesmo, que procure se aperfeiçoar na função que escolheu. Com isso, tanto a pessoa quanto o grupo só têm a ganhar.

Durante a reunião, mesmo que momentaneamente não esteja desempenhando sua tarefa, é necessário que se mantenha mentalmente ligado e alerta, interessando-se pelos diálogos e fenômenos que se processam, ajudando com pensamentos aquele que conversa com o irmão desencarnado, pondo-se atento às intuições superiores que receber e com que possa contribuir. O tédio e o alheamento ao ambiente e às comunicações levam à dispersão de pensamentos, à sonolência e à diminuição da qualidade do ambiente, com sérias consequências: ou diminuindo a qualidade do atendimento socorrista, ou limitando o aproveitamento das experiências e estudos, se este for o caso. Se preferir, então, que o integrante do grupo escolha um item de seu interesse para observar no sentido de aprender mais, como a forma de abordagem dos espíritos, o processo das comunicações, a atuação dos médiuns ou as mudanças no ambiente fluídico.

Todo esforço que vise aumentar a harmonia entre os participantes não será poupado, as razões de desentendimento serão logo identificadas e sanadas; todos os espíritos e todas as pessoas serão tratados com respeito e cordialidade nascidos do fundo desejo de criar um clima de serenidade e confiança mútua.

Da sintonia com os dirigentes desencarnados resultarão encaminhamentos interessantes para as atividades desenvolvidas, lembrando que eles também compõem o grupo da reunião: colaboram, instruem e auxiliam de inúmeras maneiras, podendo ser consultados sempre que necessário.

Pedro Camilo:

Tenho assistido, ao longo dos anos, à formação de grupos mediúnicos, seja na Casa Espírita em que trabalho, seja fora dela. São grupos que se reúnem em torno da prática mediúnica e que, com esse desiderato, muitas vezes se deparam com algumas dificuldades, nascidas, quase sempre, da não fixação de critérios claros.

Em nossa opinião, a não fixação e observância de critérios claros e bem definidos, na prática mediúnica, contribui para que haja confusão, perturbação e perda de tempo. Sem critérios, não sabemos o que queremos, como pretendemos realizar e com quem poderemos contar.

É possível que, inicialmente, se formem grupos a partir das necessidades e das possibilidades mediúnicas de algumas pessoas. Neste caso, as características do grupo irão se definindo aos poucos, à medida que as faculdades mediúnicas forem amadurecendo e os componentes do grupo forem criando bons e sadios laços de relação entre si.

Algumas vezes, já se tem um objetivo claro na mente – pesquisa, socorros em geral, desobsessão etc. Desta perspectiva, não serão os componentes que definirão as características da tarefa, mas o tipo de tarefa que demandará tais e tais perfis, o que também não dispensará tempo, esforço e dedicação.

Em todo caso, porém, é sempre bom que os integrantes dos grupos mediúnicos sejam encontrados em meio àqueles que já militem na Casa Espírita e que sejam pessoas conhecidas de seus dirigentes.

Estes critérios são fundamentais: o primeiro, porque cada Instituição possui um clima e uma cultura própria, o que deve ser respeitado e bem compreendido pelo candidato à tarefa mediúnica; o segundo, porque precisamos conhecer bem o candidato, sondando-lhe o mundo íntimo e verificando se, de fato, será proveitosa, para ele e para o grupo, a nova experiência.

Não há nada mais desagradável e problemático do que a introdução, nos grupos mediúnicos, de uma pessoa insuficientemente preparada. A falta de preparo pode ser identificada na ausência de discrição, de estudo e, mesmo, de vontade verdadeira de participar. Uma pessoa com tais características trará desarmonia ao grupo e a si mesma, razão pela qual devemos ter bastante cuidado na identificação dos participantes.

Por essas e outras razões, na "nossa" Casa Espírita, utilizamos os seguintes critérios para admitir alguém aos grupos mediúnicos:

- ter participado de Curso Básico de Espiritismo;
- estar engajado nas atividades da Casa;
- estar familiarizado, pelo menos, com alguns participantes do grupo;
- demonstrar boa vontade e interesse verdadeiro na prática mediúnica.

Talvez se possa dizer que os últimos critérios são subjetivos demais, ao que não farei objeção. A estes, porém perguntaria o seguinte: a prática mediúnica, por si só, não é subjetiva? "Subjetivo" não se refere ao sujeito? E a prática mediúnica não é formada por "sujeitos"? Como esquecer os "sujeitos", diante de uma nova subjetividade que a eles pretende se somar, na formação da coletividade do grupo mediúnico?

Sim, um grupo mediúnico é formado por "sujeitos". Os espíritos também o são, como lembra Gilberto, motivo pelo qual também merecem ser lembrados nesses momentos.

Esses são exemplos de critérios que podem ser adotados, seja na formação de novos grupos, seja na aceitação de novos participantes em grupos pré-existentes. O que desejamos ressaltar, aqui, é a necessidade de eleição, fixação e observação de critérios. Afinal, como diria um velho conhecido, "a mediunidade não tem mistérios, tem critérios"!

Rita Foelker:

Já participei de vários grupos, reúno gratidões diversas por tudo o que aprendi e compreendi nas diferentes oportunidades, especialmente, em grupos destinados a estudos e à prática mediúnica.

Gostei especialmente, após um longo tempo de estudo conjunto, daquele grupo cuja constituição presenciei, onde se conversou sobre a participação esperada de cada candidato e foi definido um objetivo e um método fundamentado nas diretrizes de Kardec. Foi durante a permanência nesse grupo que Gilberto se aproximou de nós e o "ABC da prática mediúnica" foi psicografado.

Mas, em geral, podemos dizer que há grupos de características, as mais diversas. Aqueles nos quais percebemos progressos estimulantes, tanto individuais, quanto coletivos, ou seja, onde melhoramos como médium, como ser humano e como equipe. E aqueles que conhecem instabilidades, desarmonias e esvaziamentos por diferentes razões.

Dentre elas, quero me reportar especificamente à conduta e condição psicoemocional dos participantes, o que é um dos aspectos primordiais da evolução ou deterioração dos trabalhos realizados. Afinal, como lembra Gilberto, "nossa participação também consiste na cota indispensável de sentimentos e pensamentos, que oferecemos antes, durante e depois da reunião, em favor de todos os encarnados e desencarnados, sejam atendentes ou atendidos". Desta orientação, quero destacar a expressão "em favor de".

A tessitura das relações humanas é sutil. Em dado momento nos sentimos confortáveis com os demais; no seguinte, nos incomodamos, ou nos ofendemos, ou cremo-nos inferiorizados e parece que precisamos nos mostrar superiores, ou não lidamos com a falta de controle de circunstâncias...

Em situações comuns do dia-a-dia, conseguimos disfarçar, sorrir, embora a sensação desagradável persista. Mas nas reuniões mediúnicas, onde o ambiente é um fator crucial, incidindo diretamente nos resultados alcançados, o modo como nos sentimos e agimos diretamente repercute na composição do "clima" da reunião. As questões emocionais e comportamentais ganham ainda maior importância.

E não dá para, satisfatoriamente, ser médium sem se sentir à vontade. Não dá pra se sentir à vontade, se as pessoas estão alimentando reservas, umas em relação às outras, picuinhas, talvez até invejas, orgulhos feridos... Como, nessas circunstâncias, emitir pensamentos que sejam verdadeiramente "em favor de"? E mais, como fazê-lo de modo constante, "antes, durante e depois da reunião"?

Acresce ainda que algumas dessas emoções podem ficar dissimuladas sob um comportamento polido, cordato, sob a elevação da linguagem, porque na Terra muitas vezes ainda somos mais ciosos do que aparentamos que daquilo que trazemos no coração e na mente. Então, algumas vezes, na superfície parece que o grupo vai bem, mas as dificuldades vão se acumulando em profundidade, minando o relacionamento, prejudicando o auxílio aos desencarnados. É notório que, onde as relações entre os componentes do grupo encarnado se esgarçam em implicâncias, desconfianças, ciúmes e fofocas, fica prejudicada a capacidade de sintonia, de funcionar como equipe e de realmente auxiliar uns aos outros, principalmente de bem orientar ou de esclarecer os espíritos que buscam atendimento.

Para cultivar melhores relações, Gilberto aconselha: "todos os espíritos e todas as pessoas serão tratados com respeito e cordialidade nascidos do fundo desejo de criar um clima de serenidade e confiança mútua".

6 Confiança

Gilberto:

Existem algumas características que, quando fazem parte de uma amizade, tornam-na mais profunda e verdadeira. Como a confiança, por exemplo.

Um verdadeiro amigo é sempre digno de fé, até que se prove o contrário. Ninguém fica à espera de testemunhos e comprovações do que um amigo diz. Um amigo, evidentemente, pode estar enganado, como qualquer criatura, e tem o direito a um falso juízo, um erro de apreciação. Não será desprezado por isso, que é uma consequência da sua humanidade.

As diferenças morais existem, em razão da lei de evolução, mas não serão pretexto de distanciamento entre as pessoas, muito embora a planta da amizade tenha mais chances de crescer no terreno das afinidades, que no das diferenças.

Porém, um grupo mediúnico só pode progredir sobre as bases da amizade mais profunda. E num grupo mediúnico, um requisito básico é a confiança recíproca entre seus participantes. O caráter e a idoneidade dos membros do grupo não serão colocados em dúvida, porque se alguém deu provas de não ser merecedor de absoluta confiança, em primeiro lugar, não deveria fazer parte do grupo...

A grande questão da mediunidade para os grupos que a praticam é a comprovação da autenticidade do fenômeno ou, em alguns casos, a confirmação da identidade do espírito comunicante. E é comum isto ser colocado acima da amizade, quando se formam "panelinhas" para debater a situação de um determinado componente do grupo sem a devida consideração e respeito, quando se atira sobre o médium a responsabilidade por comunicações falsas quanto à procedência ou ao conteúdo, buscando até mesmo aventar se a sua conduta moral não vem dando ensejo a que estes fatos aconteçam.

É compreensível que as criaturas céticas e os materialistas por sistema vivam à caça de evidências da origem da comunicação e da lisura do médium, porque eles estão cumprindo o seu papel: eles são os que duvidam.

Nós, espíritas que acreditamos, que nos gabamos de ser aqueles que "não acreditam, mas que sabem", tornamo-nos, frequentemente, mais céticos que os nossos adversários, submetendo médiuns e espíritos a um nível de desconfiança inadmissível entre criaturas que elegeram o amor como bandeira.

Isto chega a não ser consciente, mas no momento da comunicação, em que o médium necessita do amparo da ligação com o grupo, a crítica e a dúvida surgem, inicia-se o debate mental de ideias e o ambiente fluídico se ressente de maneira intensa, prejudicando não só o desenrolar da comunicação como o próprio socorro ou atenção que o espírito merece.

Existe o animismo? Claro. Existe a mistificação? Sem dúvida. Mas acima de tudo, o ser humano. Acima de tudo, a amizade.

Existem grupos onde se vive a patrulhar a conduta uns dos outros, o que nos faz pensar nos sentimentos que lhes inspiraram a formação e nas razões que os mantêm juntos.

No entanto, não é o temor, nem o patrulhamento, que haverá de evitar que tais situações venham a ocorrer. Aliás, num grupo onde transita a espontaneidade e a confiança, é muito difícil que a farsa ganhe espaço, pois que ela é reconhecida de pronto, como elemento estranho ao ambiente, e tratada de forma equilibrada, sem provocar maiores estragos.

Se você não confia num grupo mediúnico ou num grupo de espíritos, não há porque fazer parte dele. Se, a seu ver, não existe segurança quanto às lições e testemunhos que têm lugar na reunião, para que ouvi-los?

Mas se há sentido e significado profundo nos fenômenos, se os espíritos confortam e ensinam, e se as pessoas estão unidas por sentimentos sinceros, por que deter-se na incredulidade?

Rita Foelker:

Ao classificá-los entre os "Médiuns segundo as suas qualidades morais" (*O livro dos médiuns*, item 197), Allan Kardec listou algumas características dos bons médiuns: seriedade, modéstia, devotamento e segurança. Sérios, usam sua faculdade para fins bons e úteis, jamais por futilidades. Modestos, não se consideram infalíveis e nem se gabam das qualidades das comunicações que transmitem. Devotados, compreendem que têm uma tarefa importante e sacrificam hábitos e gostos pessoais para cumpri-la a contento. Seguros, merecem confiança, não somente pelo caráter, mas também pela facilidade de execução e pela elevação dos espíritos que os assistem.

O quadro, que também apresenta os "Médiuns imperfeitos", segundo o espírito Sócrates, tem dupla finalidade:

> [...] não só para os médiuns sinceros que, lendo-o, procurarem de boa-fé preservar-se dos escolhos a que estão expostos, mas também para todos os que se servem dos médiuns, porque lhes dará a medida do que podem racionalmente esperar.

Segundo o mesmo espírito, todos os que se ocupam das manifestações mediúnicas deverão ter esse quadro sob as vistas, juntamente com a "escala espírita" (*O livro dos espíritos*, item 100), e isto contribuirá para que o Espiritismo siga seu verdadeiro caminho.

Por que Sócrates propõe o conhecimento conjunto dos dois quadros – o das qualidades morais dos médiuns e o da classificação dos espíritos segundo sua evolução moral e intelectual? Aqui vai minha opinião: porque o conhecimento das características gerais de espíritos e médiuns nos possibilita entender e avaliar melhor as comunicações que recebemos. Igualmente, a análise das comunicações nos dará ideia do estado moral dos espíritos e médiuns que participam de nossas reuniões.

Trata-se de uma análise baseada em critérios técnicos e, não, em "achismos", emoção ou em julgamentos morais. O advérbio "racionalmente", aplicado ao que se pode esperar de uma reunião, destaca que não se trata de uma análise emocional ou moral da questão, nem de palpite. Afinal, as emoções podem não ser boas conselheiras, não somos aptos a emitir julgamentos morais e pareceres sem fundamento não têm lugar na discussão de um assunto de tal seriedade, que envolve grande responsabilidade. Contudo, o estudo da mediunidade nos capacita a observar os acontecimentos, nas reuniões, adotando medidas apropriadas, quando necessárias, o que se determina por critérios racionais.

Quando, por exemplo, a influência predominante de espíritos inferiores, o animismo não identificado, a mistificação, o aumento da desarmonia entre os membros, surgirem em um grupo; quando um médium passar a envaidecer-se ou a não aceitar observações às comunicações obtidas por seu intermédio, usando a razão, veremos que é hora de unir o grupo ainda mais. É quando a união do grupo precisa ser mais efetiva, a confiança precisa ser reforçada, a fim de que o problema seja resolvido por todos juntos, com respeito e fraternidade, sem que haja fofocas e comentários, sem que a discórdia se instale e o problema se agrave a ponto de, algumas vezes, levar à dissolução do grupo e ao fim dos trabalhos.

Pedro Camilo:

O trabalho mediúnico em grupo possui algumas peculiaridades. Considerando que um grupo é formado pela reunião de determinado número de pessoas e pela combinação de suas características, compreende-se que o bem ou o mal estar das relações ali estabelecidas guardam relação com a maior ou a menor afinidade que exista entre os seus membros.

A repercussão da "saúde das relações" entre as pessoas é de fundamental importância quando o assunto é mediunidade. Porque o momento mediúnico é um momento de entrega, de vulnerabilidade, e a ausência de boas relações, de entendimento e de confiança recíproca contribui de forma negativa para o desempenho das tarefas, provocando inibições e impedindo que os processos mediúnicos tenham a amplitude e o desfecho necessários.

Dizemos que o momento mediúnico é de entrega e vulnerabilidade porque a experiência com o invisível nos desnuda por completo. Por sermos espíritos comprometidos com as Leis Divinas e com a nossa própria consciência, face aos desacertos do pretérito, somos sempre surpreendidos pela presença daqueles a quem ferimos e que, magoados e mergulhados no sentimento de vingança, expõem nossas fraquezas e nossas mazelas.

Além disso, os médiuns ostensivos para psicografia, psicofonia e desdobramento, em particular, quando em transe, tornam-se mais sensíveis e suscetíveis. Nestes momentos, é comum que se amplie sua consciência espiritual e se reduza a consciência física, o que contribui para seu afastamento momentâneo da realidade objetiva e, consequentemente, para uma espécie de alheamento de si mesmos.

Como negar que haja, nessas circunstâncias, um maior nível de vulnerabilidade e, por isso mesmo, uma grande necessidade de entrega? E como pretender que haja essa capacidade de entrega se não há, entre os membros do grupo, uma boa relação de confiança?

Some-se a isso uma observação muito simples, mas por vezes ignorada: dirigentes, médiuns e demais colaboradores são, antes de tudo, humanos! Isso implica serem pessoas imperfeitas, propensas ao erro e ao engano, seja em virtude da própria inexperiência, seja pela argúcia dos espíritos mistificadores.

Nem sempre o médium estará bem consigo mesmo, motivo pelo qual suas comunicações podem ser, naquele dia, lacunosas. Pode ser, também, que tenha avaliado imprecisamente o que sentiu e fez uma interpretação equivocada. E ainda pode se dar que, mergulhado em uma autossugestão ou uma sugestão de terceiros, ainda que inconscientemente, dê forma e conteúdo a uma "comunicação espiritual" que, no fundo, não passará da exteriorização de conteúdos seus. Apesar de tudo isso, tal médium não deverá ser desacreditado, nem se deve desconfiar de sua honestidade ou de sua mediunidade, porque fatos assim acontecem com seres humanos imperfeitos, como nós somos.

Às vezes, o dirigente ou o dialogador também não está em um dia feliz e, por conta disso, pode deslizar na condução das tarefas que lhe são atribuídas. Um espírito tratado sem cautela aqui, uma palavra infeliz ali, uma distração acolá não devem servir de motivos para que seja tratado com desconfiança, porque também ele é humano e imperfeito.

Há grupos em que se realizam verdadeiras "caças às bruxas" quando fatos assim acontecem, procurando-se identificar e corrigir os que falham com uma disciplina quase militar, como se os próprios "disciplinadores" fossem, eles mesmos, imunes a erros. O resultado de posturas assim é a falta de confiança de parte a parte, o que contribui para uma produção mediúnica de baixa qualidade, sem permitir que se façam os atendimentos necessários, impedindo os participantes de desenvolverem, livremente, seus valores.

Mediunidade requer estudo e reflexão. Estas duas ferramentas nos permitirão compreender as muitas variáveis que existem no processo mediúnico para, a partir daí, entendermos que médiuns e não médiuns são pessoas e que pessoas são assim, simplesmente humanas. E como pessoas, todos necessitamos de apoio recíproco, o que se torna impossível se as relações, dentro e fora do grupo, não se alicerçam na confiança.

7 Orientações

Gilberto:

Os espíritos trabalhadores das reuniões mediúnicas não se furtam a oferecer orientações para os procedimentos da reunião, a condução dos estudos e a melhoria individual dos médiuns e demais participantes.

O que diz respeito aos trabalhos e estudos da equipe pode ser objeto de consultas ou perguntas, que serão respondidas conforme seja avaliada sua necessidade e oportunidade.

Afinal, muito do que se pergunta poderia ser respondido pelos próprios encarnados, com um pouco de atividade mental e troca de ideias.

Tais orientações, apenas excepcionalmente, atendem a uma necessidade particular de um membro da equipe. Quando nos é permitido, temos prazer em dialogar sobre assuntos pessoais em que se busque clareza e lucidez; no entanto, isto será feito de maneira breve e objetiva, sem interferir nas finalidades principais da reunião. É comum que, no estado de relaxamento e concentração que precede as comunicações, ou mesmo durante os trabalhos, a criatura em dificuldades receba intuições ou uma breve mensagem psicografada, como contribuição amorosa de um espírito amigo ao encaminhamento do seu caso específico.

Agora: a mídia vem acostumando as pessoas a serem *consumidoras de informações*, lendo e ouvindo muito rapidamente, porém refletindo pouco. Isto as habitua a desejarem sempre ouvir mais, sem que necessariamente se tenha aprofundado e refletido sobre o teor do que foi falado.

As orientações dos espíritos, ao contrário, não ocorrem tão amiúde, em geral, porque para compreendê-la em sua profundidade e alcance, é preciso voltar a elas, reler, dialogar a respeito, comparar as interpretações que cada um fez. É preciso, sobretudo, colocar em prática uma lição e experimentá-la, antes de se passar à seguinte.

Nestes moldes, o relacionamento entre o grupo encarnado e o desencarnado dará bons frutos e a evolução individual e da equipe será sentida por todos.

Rita Foelker:

Uma característica dos participantes de reuniões mediúnicas sérias é a sinceridade do desejo de aprender e melhorar. E o labor mediúnico apresenta ricas oportunidades, que passam pela convivência em grupo, pelas leituras e estudos que se costuma indicar, pelo diálogo com os espíritos, onde sempre podemos colher lições.

Há situações em que os espíritos dirigentes da reunião, verificando nosso desejo de nos aprimorarmos ainda mais, comunicam-se ou trazem irmãos para nos auxiliarem com orientações que considerem oportunas e frutíferas.

Contudo, não é sua intenção substituir nossa capacidade de aprender por nós mesmos, em livros, estudos em grupo e reflexões. Não desejam eles estimular a dependência de consultas efetuadas amiúde, a cada dúvida, a cada nova questão surgida em meio à própria prática, pois é parte do aprendizado a aquisição da autonomia.

As comunicações que visam nos orientar, em geral, apresentam um alcance mais geral e amplo, embora haja situações em que os espíritos trazem orientações específicas, algumas até de cunho particular ou familiar, para um dos participantes.

A solicitude dos mensageiros invisíveis, no entanto, não pode ser objeto de abusos e a insistência em obter respostas a questões pontuais, sem relação com os objetivos da reunião, pode abrir espaço para espíritos brincalhões ou mistificadores. Por outro lado, como esclarece Gilberto, durante a reunião podemos ser inspirados ou intuídos, graças ao ambiente espiritual elevado, propício, aliado à nossa sensibilidade mais aguçada pelas mesmas condições.

Quanto ao mais, Kardec repetidamente nos concita a agirmos como cientistas e este deveria ser o foco de uma reunião pautada em suas diretrizes. "O conhecimento da ciência espírita repousa sobre uma convicção moral e uma convicção material. A primeira é adquirida pelo raciocínio; a segunda, pela observação dos fatos", eis o que se lê na abertura do capítulo X das *Instruções práticas sobre as manifestações espíritas*[3]. Portanto, é neste contexto de observação, raciocínio e dedução, que se encontra o verdadeiro roteiro de aprendizado e progresso no conhecimento das nuanças do intercâmbio com os espíritos.

Pedro Camilo:

O trabalho mediúnico é feito em parceria. Nele, espíritos e médiuns se conjugam para a realização de tarefas específicas em que aqueles gozam, quase sempre, de certa "posição privilegiada", como consequência da independência que têm, por não estarem presos à vida material. Tal estado de liberdade lhes possibilita avaliar, entender e compreender melhor os fatos e feitos do grupo e, por isso, um melhor juízo, uma melhor avaliação geral.

---

3 KARDEC, A. *Instruções práticas sobre as manifestações espíritas*. Trad. Júlio Abreu Filho. São Paulo: Pensamento, 1995.

Muito em virtude disso e, também, por conta da ideia, que ainda permeia nosso imaginário, de que lidamos com "espíritos de luz e superiores", prendemo-nos em demasia à necessidade de receber deles, constantemente, orientações variadas, na esperança de encontrar solução adequada para problemas e direcionamento justo para dilemas.

Entretanto, Allan Kardec nos ensina que não devemos depositar confiança cega e irrestrita nos espíritos. Partindo da compreensão de que espíritos nada mais são do que "homens desvestidos de corpos", o mestre francês compreendia que, assim como há homens e homens, há espíritos e espíritos. Daí o seu extremo cuidado ao lidar com suas orientações, que sempre fazia passar pelos crivos da razão e do bom senso, não se permitindo crer e aceitar suas opiniões tão somente porque emanavam de espíritos.

Kardec compreendia bem que, nada obstante gozem dessa "condição privilegiada" por não se submeterem aos limites da matéria, os espíritos também são limitados por si mesmos, pois não gozam de todo conhecimento sobre todas as coisas. Também entre eles há distinção de elevação e saber, motivo pelo qual sempre encontrarão barreiras para tratar daquilo que não dominam.

Ao lado dessa relação de dependência desnecessária quanto às orientações dos espíritos, alguns também acreditam que é preciso obter a aprovação dos espíritos para toda e qualquer iniciativa. Não realizam reformas, palestras, comemorações ou admitem trabalhadores sem que seja com a "permissão" dos "espíritos guias" da Casa.

Essa conduta também é temerária. Os espíritos verdadeiramente sérios não invadem competências que não são suas. As tarefas administrativas da Casa Espírita são da atribuição dos encarnados, e não dos espíritos. Estes, quando são sérios, não substituem os esforços pessoais e "institucionais" que nos cabem.

Em nossa experiência na Casa em que militamos, são os próprios dirigentes espirituais que nos ensinam assim. Trimestralmente, realizamos uma reunião mediúnica, chamada de "Reunião com os

Amigos Espirituais", cuja finalidade é discutir as questões relevantes do grupo e buscar, em suas orientações, balizas para melhor direcionar as atividades.

Certa vez, perguntamos a certo companheiro desencarnado algum detalhe sobre o funcionamento de determinado grupo mediúnico. Tratava-se de uma pergunta séria, destituída de vã curiosidade, movida pelo sincero interesse de aprender. Nada obstante, ouvimos do amigo a seguinte resposta:

– Meus caros, os livros em que estudamos aqui são os mesmos a que vocês têm acesso aí. Por que querer respostas simples e rápidas, quando vocês podem, estudando, chegar às suas próprias conclusões?

A intenção era séria, o objetivo era nobre; entretanto, esquecemos do esforço pessoal, desejando receber, "de mão beijada", respostas que os espíritos até poderiam dar, mas que nos subtrairiam a responsabilidade da busca e da decisão.

Como lembra Gilberto, "o relacionamento entre o grupo encarnado e desencarnado dará bons frutos", sim; porém, para tanto, é necessário que não nos esqueçamos do papel que nos compete, individual e coletivamente, fugindo de qualquer tentativa de transformar os espíritos em guias infalíveis. Caso insistamos nisto, poderemos, quem sabe, ser vítimas dos mistificadores, sempre dispostos a iludir.

8 Higiene mental

Gilberto:

Mediunidade, campo do pensamento e da sensibilidade.

Nos trabalhos mediúnicos, a matéria prima é a delicada realidade dos pensamentos e suas emanações fluídicas, a impressionar a sensibilidade mediúnica. O que é um médium, senão a criatura que transmite, ou seja, que decodifica em linguagem visível ou audível, concreta, a sutileza das ondas-pensamentos dos habitantes do Plano Espiritual?

Sendo o pensamento e a sensibilidade decisivos numa reunião, sendo eles que definem os resultados, o aproveitamento, a fidelidade ao pensamento transmitido, o cumprimento dos objetivos da reunião, há que se cuidar, e muito bem cuidado, dos pensamentos que carreamos conosco no dia-a-dia e, ainda mais, dos pensamentos que nutrimos durante o intercâmbio com os espíritos.

Daí, podem nascer a harmonia ou, então, as interferências, que quando ganham certa dimensão, fazem os mais céticos duvidarem de que realmente há bons espíritos interessados na evolução daqueles trabalhos e dos trabalhadores.

Não podemos imaginar que o clima espiritual que nos acompanha não se faça refletir na somatória das contribuições individuais para a formação do ambiente da reunião. Não depois de conhecermos a plasticidade dos fluidos e a força do pensamento concentrado.

Estude seus pensamentos com imparcialidade, como se observasse a tela mental de outra pessoa. Quais são bons e produtivos? Quais têm proveito? Quais contribuem para suas metas espirituais superiores?

Quando é que nos prendemos nas teias de ideias deprimentes, envolvidos por um turbilhão mental difícil de conter? E qual pode ser o peso destes pensamentos numa reunião onde, de fato, gostaríamos de estar colaborando, pacificando, nos esclarecendo?

Pedro Camilo:

Vibração não se improvisa!

Existe uma neurose coletiva entre os participantes de reuniões mediúnicas sobre o "dia da reunião". Neste dia, acredita e apregoa a grande maioria, necessitamos passar tranquilos, com cuidados especiais, sem nos irritarmos ou nos alimentarmos desta ou daquela forma, evitando determinados pensamentos, emoções e palavras inadequadas.

– Esses cuidados – dizem – devem ser observados no dia da reunião mediúnica para que o integrante – médium, dirigente, dialogador ou assistente – possa efetivamente contribuir com o trabalho dos espíritos.

No entanto, pouco importa se observamos tais cuidados apenas "no dia da reunião" se nos outros seis dias da semana formos indisciplinados com nossos hábitos fisiológicos, mentais e emocionais.

Como vibração não se improvisa, o aparente silêncio e o esforço de disciplina de um dia não são capazes de sufocar os ecos daquilo que verdadeiramente somos, ou seja, das nossas formas de expressão e relação com a vida, que marcam as nossas atitudes diárias.

Diante dessa constatação, precisamos tomar duas decisões: não fingir ser quem não somos e procurar ser cada vez melhores.

Assumir nossa realidade interior nos afasta da hipocrisia e do simulacro de bondade com que muitas vezes nos adornamos na prática mediúnica. Os espíritos, orientadores ou obsessores, sabem quem somos! Fingir somente reforça a distância que existe entre nós e as virtudes que precisamos conquistar, além de afastar os espíritos amigos, que não se compatibilizam com a mentira, atraindo os outros...

Após assumirmos quem somos, convém querer e agir conforme o desejo de sermos melhores! Tal desejo, alimentado pela vontade sincera e "pelo esforço em domar as más inclinações", operará a necessária higienização mental, a higiene diária, que nos definirá como "verdadeiros espíritas" e nos credenciará para uma prática mediúnica mais saudável.

Rita Foelker:

O campo dos pensamentos e emoções é muito sutil, como diz Gilberto, mas não é apenas isso: ele pode ser um grande desconhecido para nós.

Ambos, pensamentos e emoções, são geralmente experimentados como uma torrente sem controle. É comum termos a sensação de que "somos pensados" em lugar de pensar. E isso fica mais evidente quando se trata de alegria, tristeza, raiva... Parece que somos apanhados por elas, desprevenidos, e ficamos à sua mercê.

Um dos problemas das emoções não reconhecidas e/ou não controladas é que elas se infiltram em nossas falas e ações, influenciam nosso humor e podem transbordar em impulsos de consequências desejáveis – ou, mesmo, indesejáveis. Outro problema é que elas se espalham em nossa atmosfera vibracional, afetando-nos e ao ambiente onde estamos, pessoas e espíritos também.

No entanto, podemos cuidar de nossos pensamentos e emoções, podemos transformá-los e também utilizá-los a favor de nossos propósitos.

Podemos começar por observá-los. A partir do que percebermos, podemos fazer escolhas mais conscientes do que vamos pensar, o que altera nosso humor e nossas próprias atitudes, para que estejam mais de acordo com o que almejamos para nossas vidas e nosso estar no mundo. Além disso, pensamentos e emoções melhores têm efeitos mensuráveis na própria saúde física.

Para melhorar as emoções, podemos observar o que nos causa alegria, tranquilidade, paz e, também, o que nos aborrece, entristece, irrita. Podemos, quando possível, aumentar em nosso ambiente aquilo que nos faz sentir melhor, reduzindo o que nos faz sentir mal. Mas como isso nem sempre é possível, também podemos aprender a reagir mais positivamente a situações estressantes, por exemplo.

Fazemos isso com a vontade.

De dentro, para fora.

Da escolha para o ato.

Do pensamento para as relações.

Assim, vamos "limpando" nosso mundo mental.

9 Importância da prece

Gilberto:

Toda prática mediúnica deveria ser precedida de uma prece. A prece é a ação que nos aproxima dos objetivos superiores de nossas faculdades, incluindo-se a faculdade mediúnica.

Aquele que ilumina com a prece o uso da inteligência torna-se mais inteligente, pela abertura às intuições e inspirações superiores. Aquele que ilumina o seu trabalho iniciando sempre com uma prece, trabalha com mais proveito e diligência, sem distanciar-se da essência espiritual de todas as atividades humanas. Quem busca, na prece, aprofundar e colher frutos melhores de sua mediunidade contará com a assistência dos bons espíritos e poderá estar mais certo dos resultados de seu exercício.

Da prece advém a serenidade para encontrar a dor dos espíritos necessitados, a lucidez para agir com mais segurança e para reconhecer a verdade dos momentos mediúnicos, a precisão para identificar as intenções dos comunicantes e a união com os benfeitores que saberão decidir pelas providências mais cabíveis.

Quem tem a prece como esteio de sua tarefa mediúnica, cultivando a ligação com os espíritos orientadores, evitará muitos dissabores e reunirá tesouros que só a amizade dos seres amorosos e sábios pode proporcionar à mente e ao coração.

Pedro Camilo:

Jesus, conhecedor dos efeitos e da importância da prece em nossas vidas, não apenas proferiu a célebre "prece dominical", exemplificando para ressaltar sua necessidade, como também ensinou-nos a orar.

Em uma de suas recomendações, como anotado por Mateus (6: 5 e 6), indica a necessidade de "entrarmos em nosso quarto" e, com a "porta fechada, orarmos em segredo".

Naturalmente que Jesus, ao dizer essas palavras, não pretendia que nos prendêssemos a sua literalidade. Como em muitas outras passagens, utilizou-se de uma alegoria para ensinar a necessidade do *recolhimento*, a fim de que a nossa prece possua a capacidade de nos serenar e seja dotada de boa qualidade vibracional.

Tal recolhimento pode ser interpretado sob dois aspectos: o recolhimento exterior e o recolhimento interior. O primeiro diz respeito aos fatores do ambiente onde a prece é proferida. Pela nossa indisciplina mental, barulhos e movimentação são pontos de distração que não nos permitem a concentração devida para entrar num bom estado de prece.

Já o segundo, que é o recolhimento interior, fala de perto ao nosso estado íntimo. Embora nem sempre estejamos em plena harmonia interna, precisamos de um mínimo de esforço próprio e predisposição verdadeira para permitir que a prece seja feita e produza os efeitos esperados.

Curiosamente, o recolhimento também é requisito indispensável de qualquer prática mediúnica saudável. Em todas as suas feições, é imprescindível um mínimo de harmonia externa e interna para que grupos e médiuns melhor apliquem seus recursos no exercício da mediunidade.

No aspecto externo, funciona bem um ambiente bem climatizado, com música suave e silêncio que favoreça o mergulho nas vibrações espirituais. Quanto ao aspecto interno, é justamente a prece a grande aliada, por favorecer a abertura e a ampliação dos canais da intuição e da percepção do indivíduo, que estará melhor preparado para a identificação dos espíritos e se tornará melhor intérprete de suas ideias e sentimentos.

É nesse sentido que o espírito Gilberto alinha os seguintes benefícios da prece na prática mediúnica:

- *serenidade para encontrar a dor dos espíritos necessitados*, para cujo restabelecimento cooperamos de forma objetiva;
- *a lucidez para agir com mais segurança e para reconhecer a verdade dos momentos mediúnicos*, haja vista que a insegurança na mediunidade fragiliza médiuns e grupos e obstaculiza uma percepção mais acertada dos fenômenos;
- *a precisão para identificar as intenções dos comunicantes*, sumamente necessária em virtude das investidas de obsessores e mistificadores que, por vezes, se imiscuem nas tarefas para causar contratempos e confusão;
- *a união com os benfeitores*, sem o que nos expomos a revezes dispensáveis e não nos conectamos devidamente às objetivos das tarefas.

Observada com atenção e praticada com sincera unção e recolhimento, a prece se converte em verdadeira dinamizadora das forças da alma, permitindo ao médium o encontro e o ajuste positivo não só com as energias dos espíritos, bem como com as energias do próprio grupo, mergulhando em sintonia mais estreita com os objetivos superiores da tarefa.

Vale a pena investir nessa grande usina de forças e de paz, não somente para garantir um exercício mediúnico mais saudável, como também uma vida mais tranquila.

Rita Foelker:

Prece não é uma simples formalidade. Dentre muitos hábitos culturais de fundo ritualístico, poder-se-ia imaginar, ao adentrar uma instituição espírita pela primeira vez, que pronunciar uma prece seja apenas cumprir uma fórmula ou procedimento padrão para se iniciar ou terminar uma reunião ou palestra.

Não se trata disso. A noção mais comum e rasa, sobre quem somos e sobre o que são os nossos pensamentos, pode dar a entender que pensamentos são apenas conjuntos de conceitos dentro de nós, os quais expressamos mediante o uso de uma linguagem. Mas a ideia de que o pensamento é abstrato, de que ele apenas existe dentro de nós e não afeta nossa vida, não corresponde absolutamente à compreensão espírita da realidade.

Prece é ação, como recordou Pedro Camilo ao final do seu comentário, ao considerá-la uma "usina de forças e de paz". A resposta à questão 659 de *O livro dos espíritos* não deixa dúvida: "a prece é um ato de adoração. Orar a Deus é pensar nele; é aproximar-se dele; pôr-se em comunicação com ele". A resposta à questão 662 complementa o sentido dessa ação, pois explica terem, o pensamento e a vontade, um poder de ação capaz de extrapolar os limites da esfera corporal.

De fato, existe uma razão para que se iniciem atividades espíritas em geral com uma prece. No caso das reuniões mediúnicas, bem lembra Santo Agostinho em *O livro dos médiuns*:

> Por que não começais as vossas sessões por uma invocação geral, uma como prece, que disponha ao recolhimento? Porque, ficai sabendo, sem o recolhimento, só tereis comunicações levianas; os bons espíritos só vão aonde os chamam com fervor e sinceridade. É o que ainda os

> homens não compreendem bastante. Cabe-vos, pois, dar o exemplo, vós que, se o quiserdes, podereis tomar-vos uma das colunas do novo edifício.[4]

A prece é também um importante meio de prevenir e combater as mistificações, que são ações deliberadas de espíritos para iludir ou enganar médiuns e grupos.

> Todas as vezes que, num grupo, um dos seus componentes cai na armadilha, cumpre se proclame que há no campo um inimigo, um lobo no redil, e que todos se ponham em guarda, visto ser mais que provável a multiplicação de suas tentativas. Se enérgica resistência o não levar ao desânimo, a obsessão se tornará mal contagioso, que se manifestará nos médiuns, pela perturbação da mediunidade, e nos outros pela hostilidade dos sentimentos, pela perversão do senso moral e pela turbação da harmonia. Como a caridade é o mais forte antídoto desse veneno, o sentimento da caridade é o que eles mais procuram abafar. Não se deve, portanto, esperar que o mal se haja tornado incurável, para remediá-lo; não se deve, sequer, esperar que os primeiros sintomas se manifestem; o de que se deve cuidar, acima de tudo, é de preveni-

4 KARDEC, Allan. *O livro dos médiuns*. Cap. XXXI, "Das dissertações espíritas."

> lo. Para isso, dois meios há eficazes, se forem bem aplicados: a prece feita do coração e o estudo atento dos menores sinais que revelam a presença de Espíritos mistificadores. O primeiro atrai os bons Espíritos, que só assistem zelosamente os que os secundam, mediante a confiança em Deus; o outro prova aos maus que estão lidando com pessoas bastante clarividentes e bastante sensatas, para se não deixarem ludibriar.[5]

A resposta à questão 479 ressalta o valor incontrastável da prece, ao afirmar ser ela "em tudo um poderoso auxílio". Mas, adverte: "crede que não basta que alguém murmure algumas palavras, para que obtenha o que deseja. Deus assiste os que obram, não os que se limitam a pedir." Não se trata, portanto, de repetir uma fórmula ou uma sequência de palavras, muito menos se forem escolhidas para serem simplesmente bonitas e sonoras, esperando o resultado desejado.

A prece, como o estudo, é uma importante, insubstituível companheira do médium que espera ver sua faculdade produzir bons frutos. Mas a ela é preciso aliar a atitude íntima e as ações coerentes com os pensamentos e a vontade manifestados.

---

5 *O livro dos médiuns*, Item 340

10 Afinidade

Gilberto:

Não pode haver ligação mediúnica sem afinidade. Afinidades são semelhanças de ideias e sentimentos que se imprimem em nossos perispíritos, formando um retrato vivo daquilo que somos interiormente.

"Dize-me com quem andas...", repete o povo a sabedoria dos evos.

Dize-me quem és e te direi com quem andas – eis uma outra verdade.

Por mais que tenhamos uma imagem daquilo que somos, um conceito de nós mesmos, nada é mais verdadeiro e incontestável que nossos fluidos. Eles nos colocam em contato com seres cuja constituição se lhes assemelha, uma providência da vida que nos conduz ao autoconhecimento, permitindo que nos vejamos espelhados nas criaturas que nos partilham a convivência.

No entanto, esta constatação não servirá para nos manter passivos onde estamos. Dia a dia, construímos nosso mundo mental e emocional, que se modifica e, consequentemente, modifica os padrões com que nos afinamos.

Buscar a harmonia de sentimentos, manter os pensamentos no bem, ocupar-se de leituras elevadas e ouvir boa música nos ajudam a alcançar uma melhor condição interior, uma nova configuração fluídica e influencia na categoria dos espíritos que se achegam a nós.

Rita Foelker:

Afinidades são semelhanças. Não há mistério nisso. Quando iniciamos num novo emprego, encontramos pessoas que vamos conhecendo aos poucos. Descobrimos algumas que apreciam o mesmo tipo de comida ou de música, pessoas que frequentam os mesmos lugares que nós, pessoas que vieram do mesmo bairro... Com o tempo, podemos estreitar relações, combinar encontros, compartilhar situações sociais mais amiúde com algumas delas, enquanto que, com outras, convivemos apenas por razões profissionais. E nem sempre conseguimos explicar as razões por que nos relacionamos tão bem com alguns colegas, por que sentimos tanto prazer em estar em sua companhia, por que temos tantos assuntos em comum e tanta vontade de compartilhar pensamentos e sentimentos.

Quando iniciamos a tarefa mediúnica, a situação apresenta algumas semelhanças. Encontramos espíritos que vamos conhecendo aos poucos. Alguns virão apenas uma vez. Outros se tornarão companheiros mais constantes. Com o tempo, talvez passemos a conhecê-los e a identificá-los no momento de sua aproximação, pela impressão fluídica ou pela característica de sua expressão. Eles se tornarão mais familiares, o que deixará a comunicação mediúnica mais fácil e fluente.

Assim como as afinidades sociais, as afinidades espirituais também criam possibilidade de ligações mais ou menos constantes, mais ou menos intensas. Pensamentos, desejos, interesses, emoções e sentimentos são os agentes que nos criam afinidades uns com os outros, como criaturas que pensam e sentem o tempo todo, estejamos encarnados ou desencarnados, seja dormindo ou acordados. Aquilo que pensamos, desejamos e sentimos, dá qualidades aos fluidos (ou energias) que nos cercam. E essas qualidades atraem espíritos que tenham semelhanças, ocorrendo então, entre essas duas personalidades distintas, uma possibilidade de sintonia e de comunicação.

Nem toda afinidade, contudo, conduz à sintonia, assim como nem toda sintonia leva à comunicação. O médium pode e deve aprender a oferecer seu concurso mediúnico apenas quando considerar oportuno.

Então, alguém pode dizer, mas os pensamentos e emoções estão sempre mudando? Como se estabelece uma afinidade mais duradoura com alguns espíritos? De fato, algumas afinidades podem ser passageiras, isto é, uma pessoa pode se "afinizar" temporariamente com certos espíritos, dependendo do que esteja pensando, sentindo ou desejando durante um período. Mas acontece que cada um de nós tem um padrão de pensamento e um padrão de emoções. Um conjunto de hábitos mentais e respostas emocionais que são constantes. E estes realmente nos caracterizam e atraem criaturas com padrões parecidos.

Pedro Camilo:

Durante a realização de um seminário sobre mediunidade, abordamos o problema da afinidade e da sintonia. Na ocasião, servimo-nos dos conceitos do espírito Samuel Bulamarck que, no livro *Médium: conhece-te a ti mesmo*, psicografado por Lindomar Coutinho da Silva, sugere que:

> [...] **afinidade** diz respeito ao conjunto de notas, valores, crenças, concepções que definem a forma de ser, ou o olhar da pessoa em relação a tudo e a **sintonia** é a operação consequente da afinidade

> estabelecida, é o processo de ligação que define a vinculação.[6] (grifei)

Na visão do espírito Samuel, que se aproxima da opinião de Gilberto, a afinidade é o que garante a identificação entre os indivíduos, em função do "conjunto de notas, valores, crenças, concepções que definem a forma de ser, ou o olhar da pessoa em relação a tudo". São os gostos, os costumes, os hábitos e as ideias em comum, que estabelecem "espaços de convivência", que serão aproveitados ou não conforme as vinculações – sintonia – que estabeleçamos com uns e outros.

Dito através de um exemplo: posso ter vários amigos com quem comungo o gosto por filmes de época, ou seja, somos afins no interesse cinematográfico. Contudo, quando pego o telefone e ligo para um deles, entabulando um diálogo ou, mesmo, marcando uma hora para assistirmos a um filme juntos, se dá a vinculação, a sintonia.

Samuel vai ainda um pouco mais longe, ao dizer que as vinculações somente se estabelecem quando há afinidade entre os indivíduos.

Ao chegar nesse ponto da abordagem, uma pessoa presente ao seminário propôs a seguinte questão:

– Se são os pontos afins que garantem a sintonia, no processo mediúnico, como justificar a vinculação do médium com espíritos que foram assassinos, estupradores, criminosos de toda ordem? Devem ser "afins" nesses desejos, no presente, ou em função da vida passada do médium? E os espíritos superiores, guardaram "afinidade" com médiuns que são, também, "superiores"?

Quanto a isso, precisamos fazer a distinção entre as companhias habituais do médium e aquelas vinculações que se dão em razão da tarefa mediúnica.

---

6 BULAMARCK, Samuel (espírito); SILVA, Lindomar C. da (médium). *Médium: conhece-te a ti mesmo*. Ilhéus/BA: Maiêutica, 2013. p. 46-47.

Sobre as primeiras, é natural que os médiuns sejam assistidos por espíritos com quem guardam traços mais profundos de afinidade. Tais traços não guardam, necessariamente, relação com o "nível de elevação espiritual", podendo ser fruto de vínculos familiares do passado (pais, filhos, avós), da convivência em Instituições ou movimentos (igreja, revoluções, momentos históricos), do interesse por ideias e ideais (causas religiosas, políticas), dentre outras possibilidades. Naturalmente que as inclinações do presente também repercutem fundo, igualmente influenciando na criação de afinidades e consequentes sintonias.

No que toca ao "momento mediúnico" propriamente dito, outros elementos podem determinar afinidade. É claro que ideias e desejos do hoje, bem como comprometimentos do passado, podem determinar a vinculação preferencial com certo tipo de espíritos. Lembrando o exemplo da médium Yvonne Pereira, o fato de ter praticado suicídio em duas existências garantia-lhe facilidade para ser médium de espíritos suicidas. Entretanto, esta não é uma regra única, existindo outras possibilidades.

No caso da comunicação de doentes e obsessores, médiuns e espíritos podem encontrar afinidade: os primeiros, no desejo de ajudar; os últimos, na necessidade do auxílio. Já a ligação com os espíritos orientadores pode se estabelecer pelo impositivo da tarefa e, mesmo, pelos esforços diários e sinceros por sermos pessoas melhores.

Como "não pode haver ligação mediúnica sem afinidade", segundo as palavras de Gilberto, cabe a cada um identificar, em si, quais são os elementos que facilitam as vinculações com esses ou aqueles espíritos. Tal análise, se levada a sério e feita sem receio, com interesse verdadeiro de crescer, permitirá a médiuns e grupos um excelente exercício de autoconhecimento...

11 Ligações mediúnicas

Gilberto:

As ligações mediúnicas ocorrem por anuência das duas partes envolvidas, o médium e o espírito.

A aproximação e a sensação fluídica da presença de um desencarnado, dentro ou fora da reunião, não determina a obrigatoriedade de dar passividade ou de estabelecer ligação fluídica, sobretudo se for caracterizada por forte instabilidade emocional, ideias perturbadoras, sugestões inoportunas de qualquer espécie.

Dentro da conquista do autodomínio e da disciplina interior, o médium vai aprendendo a decidir conscientemente pela hora e o momento adequado de abrir seu campo mental para a outra criatura, ou de parar e cortar a ligação que se inicia.

Enquanto isso não acontece, o médium pode contar com a ajuda de seu espírito protetor, a quem recorrerá sempre que for o caso.

Em geral, nos ligamos à medida que nos impressionamos pelo imprevisto da ocorrência ou pelas ideias e cenas projetadas. "Desimpressionar-se", buscando visualizar outras cenas ou a imagem do Meigo Rabi, recordando trechos ou frases confortadoras que transmitam segurança, contribuirá para nos reconduzir ao centro de nós mesmos. Além disso, contamos com a prece, a ser feita com grande concentração e fé, pedindo que aquela criatura receba encaminhamento adequado ou, pelo menos, se permanecer conosco por qualquer motivo importante arbitrado pelos espíritos orientadores, que não interfira em nosso equilíbrio e em nossas tarefas, mas colha algo de útil da convivência conosco.

Neste caso, a proximidade não vai implicar o estabelecimento de qualquer ligação mais intensa, a qual se processará na reunião, junto ao grupo, se for o caso.

Rita Foelker:

Entendo que Gilberto está falando de sintonia, quando se refere a ligações mediúnicas. E assim, ele estabelece uma importante diferença entre afinidade e sintonia. Afinidade refere-se a semelhanças que predispõem à ligação mediúnica, enquanto sintonia ocorre quando o médium aceita oferecer seus recursos ao espírito que se aproxima, abrindo o seu campo mental para a conexão.

Alguém pode pensar nos casos de obsessão, em que aparentemente os espíritos agem à revelia do obsediado, por seu intermédio, mas que sempre implicam algum grau de anuência, ainda que não identificada conscientemente. Por outro lado, a falta de equilíbrio e controle sobre si mesmo, resultante da ação do obsessor sobre as energias e pensamentos do obsediado, em geral, impedem-no de exercitar o autodomínio, dificultando a liberação da ação obsessiva. Mas este é outro caso, distinto do exercício mediúnico propriamente dito a que nosso Amigo Espiritual se reporta.

A mediunidade, é preciso fixar bem, não nos coloca à mercê de ligações penosas ou indesejáveis. Os desafios que os médiuns enfrentam têm a ver consigo mesmos, com seu estado íntimo, sua psicologia, seu grau de autoconhecimento, com as consequências de suas próprias ações em encarnação presente ou passada. Isso significa que a mediunidade não é incompatível com uma vida normal e saudável, que mediunidade não é um “mal” de que se “sofre”, nem algum tipo de “carma” resultante de desvios em existências anteriores.

Alcançar um bom grau de autodomínio pode levar tempo. Tem a ver com empenho pessoal, estudo, treino prático e – repetimos – autoconhecimento. E é provável que não saibamos quando ele será suficiente.

Por isso, Gilberto sugere que peçamos ajuda ao Espírito Protetor, que procuremos não nos impressionar com pensamentos e imagens perturbadoras sugeridas – mas busquemos nos "desimpressionar", mudando o fluxo das ideias e dirigindo uma prece de sincero sentimento, em favor do Ser que se achega.

E, mesmo depois de muita prática da mediunidade, lembremos humildemente de que o autoaprimoramento e o aprendizado jamais terminam, de fato. E nem a possibilidade de surgirem desafios mais difíceis adiante.

Pedro Camilo:

Gostaria de dar destaque especial à seguinte frase, escrita por Gilberto com bastante lucidez:

> A aproximação e a sensação fluídica da presença de um desencarnado, dentro ou fora da reunião, não determina a obrigatoriedade de dar passividade ou de estabelecer ligação fluídica, sobretudo se for caracterizada por forte instabilidade emocional, ideias perturbadoras, sugestões inoportunas de qualquer espécie.

É grande o número de médiuns, iniciantes e "iniciados", que ignoram essa verdade tão simples e tão profunda. O registro da aproximação de um espírito, seja em que ambiente for, não é, por si só, um indicativo de que se deve estabelecer uma vinculação com ele com o fim de realizar uma manifestação mediúnica.

Sentir ou não sentir a presença dos espíritos é uma possibilidade natural na mediunidade. Assim como o fato de termos olhos que veem nos permite ver, enquanto ouvidos que ouvem nos permitem ouvir, ser médiuns nos permite sentir os espíritos.

Prosseguindo na analogia, pensemos assim: pelo fato de vermos, devemos deter nosso olhar em todos os estímulos visuais que temos diante dos olhos? Ou então: pelo fato de ouvirmos, devemos buscar registrar e captar todos os sons que circulam em torno de nós? Assim como pretender ver e ouvir tudo que está ao nosso alcance se revela absurdo e poderia nos conduzir ao desequilíbrio, pretender vincular-se a todos os espíritos que podemos sentir, pelo fato de sermos médiuns, é expormos a nossa sanidade a um sem número de influências indesejáveis que podem, verdadeiramente, trazer desarmonia, desencontro, perturbação.

Não é porque podemos sentir os espíritos que devemos sentir todos que estejam ao nosso redor. Como o médium é, ele mesmo, o seu próprio instrumento de trabalho, tal como dito por Rita em outra parte deste livro, cada médium deve lembrar que o seu corpo e a sua mediunidade lhe pertencem, disto decorrendo que cada um pode – e deve – estabelecer critérios para deixar-se sintonizar com este ou aquele espírito, conforme as circunstâncias, a necessidade e a conveniência de cada momento.

Por mais que os espíritos amigos prestem seu auxílio, a responsabilidade pelo "produto final" – a manifestação mediúnica em si mesma – é sempre do médium que, embora deva oferecer "passividade" em certas circunstâncias, não deve abrir mão do seu livre arbítrio e do autocontrole tão indispensável a uma prática mediúnica saudável.

Logo, está certíssimo Gilberto quando lembra a não obrigatoriedade do médium de apassivar-se diante de qualquer influência espiritual, sobretudo daquelas que possam representar uma fonte de desequilíbrio. Aqui, como em tudo que diz respeito à mediunidade, deve prevalecer o bom senso e o equilíbrio, sob pena de não agirmos como bons médiuns, comprometendo as tarefas em que somos chamados a colaborar e, também, o nosso próprio equilíbrio.

12 Variações de humor

Gilberto:

Um dos sintomas da mediunidade que aflora e um dos percalços com que podem se deparar, mesmo os médiuns mais experimentados, é o das variações de humor.

Isso se explica: dentro da impressionabilidade dos médiuns, em geral, o campo das emoções é o mais sujeito a influências que lhe alterem os padrões. Ainda quando não seja possível a transmissão de conteúdos, de pensamentos concatenados, nossas emoções podem ser influenciadas com muita facilidade, modificando o nosso estado geral.

Como, via de regra, entre os espíritos perturbadores, o campo emocional é o mais comprometido, a simples proximidade, uma mínima assimilação dos fluidos emanados por estas criaturas pode afetar o médium de forma sutil ou mesmo fortemente.

Acresce o fato de que a maioria dos encarnados tem pouco conhecimento e domínio das próprias emoções, tornando-se incapaz de perceber-lhes as mudanças e atribuir-lhes as verdadeiras causas.

Por isso, é imprescindível que os médiuns que desejem encarar com seriedade o compromisso mediúnico e habilitar-se ao serviço em reuniões de socorro ou instrução iniciem o quanto antes o exercício da auto-observação, da autoanálise, da percepção de seus padrões emocionais diários e daquilo que pode alterá-los, formando um conceito mais ou menos preciso das suas variações mais comuns.

Mudanças de humor sem causa aparente (irritação, apatia, depressão, euforia) podem resultar da aproximação e sintonia com espíritos diversos.

Às vezes, pode ser simples atuação de criaturas que conosco simpatizam ou antipatizam. Outras vezes, sobretudo no dia ou na véspera da reunião mediúnica, pode ser uma providência dos Dirigentes Espirituais, que começam a trabalhar na ligação fluídica para facilitar o processo da comunicação, quando chegar a hora.

Em qualquer dos casos, é recomendável que o médium esteja ciente e aja de modo a cooperar, quando for o caso, mas sem desarmonizar-se consigo mesmo nem prejudicar-se nas suas ocupações normais.

Rita Foelker:

Segundo Gilberto, "a maioria dos encarnados tem pouco conhecimento e domínio das próprias emoções, tornando-se incapazes de perceber-lhes as mudanças e atribuir-lhes as verdadeiras causas". E aqui, ainda nem se falou das interações mediúnicas, apenas de nossos aspectos psicológicos.

Vale recordar que podemos aprender muito sobre nossas emoções, a ponto de compreendê-las, decodificá-las e transformá-las a nosso favor. Isso se chama Educação Emocional, que passou a ser bastante divulgada na década de 1980, em grande parte, devido à publicação do livro *Inteligência emocional* de Daniel Goleman.

O fato é que não precisamos estar à mercê das ondas de estados emocionais agradáveis ou desagradáveis. E controlar este aspecto de nosso cotidiano irá contribuir para nossa qualidade de vida, nosso equilíbrio, afetando nosso desempenho mediúnico. Afinal, o médium é, ele mesmo, o seu próprio instrumento de trabalho numa reunião mediúnica.

Como escrevi num artigo, “emoções não são entidades abstratas. Grosso modo, elas são respostas de nosso organismo a certas situações, por meio de substâncias que o cérebro produz em razão de pensamentos. Alegria, tristeza, raiva e medo são as mais comuns.”[7]

Ao desencarnar, os espíritos, muitas vezes, não se desligam dos padrões emocionais que alimentaram durante a vida. Isso fica claro, pelas dificuldades, apegos, ódios, remorsos, desejos de retaliação, tristezas e outros aspectos, que reportam em suas comunicações.

O contato com estas emoções algumas vezes é difícil, penoso, e seus efeitos sobre o medianeiro podem persistir, mesmo após finalizar a comunicação. É importante, então, como menciona Gilberto, estar atento às mudanças que ocorreram em nós, entre o “antes”, o “durante” e o “depois” da comunicação, e identificar suas causas. A causa pode estar mesmo em nós, disparada pela experiência da passividade, ou haver sido trazida de outras situações do cotidiano. Pode, no entanto, tratar-se de uma “emoção residual”, que ficou conosco devido à aproximação do comunicante, podendo ser agradável ou desagradável, mas que, se for desagradável, precisamos cuidar de nos desligar dela, com a ajuda de passes, se for necessário.

Por outro lado, a impressão agradável do contato com espíritos suaves, tranquilos e elevados também pode perdurar com o médium e, mesmo que por pouco tempo, contribuir para que se sinta muito bem e em paz, até que se dilua em meio ao nosso próprio padrão cotidiano.

Pedro Camilo:

Comentando Gilberto, Rita pontua que não só as emoções desagradáveis podem nos impregnar e permanecer em nós, vindas dos espíritos – também as agradáveis podem vir, chegar e permanecer por um bom tempo.

Entretanto, a prática mediúnica nos revela como é mais comum que nos contaminemos com as emoções perturbadoras do que com as

7 FOELKER, R. Pulando fora da gangorra emocional. *Famílias espiritualmente inteligentes*. Jundiaí/SP: Gil, 2014. p. 125.

salutares. Dentre as emoções consideradas primárias ou universais, é possível dizer que muito mais facilmente nos demoramos na raiva, no medo, na aversão e na tristeza do que na surpresa, na alegria e no amor[8].

Procedendo a uma breve recapitulação do nosso histórico de atuação em reuniões mediúnicas, não será difícil identificar como lidamos com as emoções despertadas em nós pela aproximação espiritual, antes, durante e após as atividades.

Quando se trata, por exemplo, da vinculação de um espírito marcado pela dor e/ou pelo ódio, sua aproximação horas ou dias antes da reunião já produz alterações sensíveis de humor, o que se aprofunda durante a manifestação e, em alguns casos, nos acompanha depois, como se ainda estivéssemos "vestidos" pelo espírito. Porém, em se tratando de espírito que já tenha atingido uma condição melhor, sentimos dificuldade em estabelecer uma vinculação prévia, dificuldade esta que parece aumentar durante a manifestação, sendo-nos quase penoso sustentar a sintonia por um tempo razoável. Depois que o espírito se afasta, parece ser bem difícil conservar as vibrações leves e saudáveis que deixou em nós, dando mesmo a impressão de que, à medida que saímos daquele ambiente e retornamos ao lar, aquelas energias são dissipadas ao contato do vento...

Desenvolvendo essa capacidade de observação e auto-observação, para logo concluiremos que, em verdade, emoções perturbadoras e variações de humor somente nos invadem e permanecem porque

---

8 Lindomar Coutinho da Silva, ao escrever sobre as emoções na escola, pontua que, para o neurocientista Antônio Damásio, *alegria, tristeza, raiva, surpresa, medo* e *aversão* constituem as seis emoções primárias e universais dos seres humanos, entendidas estas como as dependentes da rede de circuito do sistema límbico, encontrando, nas amígdalas e no cíngulo, seus principais personagens. Ainda segundo Lindomar, o amor é incluído nesse rol, como uma sétima emoção básica, pelo biólogo chileno Humberto Maturana. Assim, das sete emoções básicas, quatro são consideradas negativas: tristeza, raiva, medo e aversão. As demais – alegria, surpresa e amor –, são tidas como emoções positivas. (SILVA, Lindomar Coutinho da. *Emoções e sentimentos na escola: uma certa dimensão do domínio afeitvo*. Ilhéus: UFBA/UESC, 2002)

encontram eco em nós. Em verdade, o fácil contágio com as emoções negativas é decorrente da ressonância que encontram em nosso ambiente interior, ainda indevidamente impregnado dessas e de outras emoções desestruturantes e comprometedoras do nosso equilíbrio.

Daí porque o exercício mediúnico deve, dentre outras razões, ser encarado como um grande exercício de autoconhecimento. O fato de sentirmos o que os espíritos sentem não significa nos entregarmos às emoções daí decorrentes. Se assim acontece, significa que tais emoções encontraram ressonância em conteúdos ainda insuficientemente trabalhados, apontando para a necessidade de examinarmos a nós mesmos para identificar por que ainda guardamos raiva, tristeza, aversão e medo, por exemplo, para trabalharmos suas causas e nos libertarmos das muitas prisões emocionais que ainda nos constrangem.

Vale a pena reler o texto de Gilberto e começar, desde já, esse exercício.

13 Dialogando com os espíritos

Gilberto:

Os espíritos que colaboram entre si nas fieiras da evolução formam incomensuráveis famílias espirituais. Laços imemoriais nos unem uns aos outros, estando os mais adiantados empenhados em mostrar os caminhos que já trilharam; as orientações, que são frutos das experiências vividas, servindo de farol aos caminhantes que vêm mais atrás.

Todas as almas podem ter algo a ensinar, tesouros de valor de sua inteligência naquilo em que já está desenvolvida, que podem ser a chave e a resposta por que anseiam almas aflitas que tresandam em confusão.

Os trabalhos mediúnicos são pontos de interseção destas correntes, onde espíritos orientadores vêm trazer conhecimentos e onde podemos nos constituir em instrutores de criaturas ainda menos esclarecidas que nós, ofertando-lhes das nossas próprias conquistas íntimas.

No fundo, todos precisam e, por isso, buscam a luz do entendimento espiritual. Nossas dificuldades e conflitos surgem sempre na fronteira de nossa ignorância dos mecanismos das leis, e progredir neste conhecimento é trilhar os caminhos da paz íntima.

Quando conversarmos com uma criatura infeliz do plano espiritual, lembremo-nos dos espíritos que pacientemente são nossos instrutores, até mesmo nesta hora de exercício. Lembremos também do valor das palavras que eles nos trazem, para que não desperdicemos o momento que se apresenta, de auxiliar um Ser divino e um nosso irmão.

Da mesma maneira que sorvemos consolo e sabedoria das orientações recebidas, que nossas palavras representem, na simplicidade das ponderações, a água que dessedenta e o alimento que fortalece.

Que a singeleza destas ocasiões não nos permita banalizá-las. Não havemos de menosprezar a criatura que se apresenta, em razão de suas ideias e seus trejeitos, porque esta criatura poderia ter sido qualquer um de nós, em tempo não muito remoto.

Que os elos afetivos que nos unem aos espíritos que abnegadamente nos ensinam se estendam àqueles que podem aprender de nós.

Pedro Camilo:

Somente o desconhecimento da nossa pequenez e dos objetivos das reuniões de socorro mediúnico podem inclinar alguém a menosprezar a presença dos espíritos pouco esclarecidos entre nós.

Sejam espíritos apenas ignorantes ou doentes, sejam os mais pertinazes obsessores, todos são filhos de Deus tal como nós mesmos o somos, merecedores de compreensão e misericórdia. Se vêm até nós, livremente, ou se são trazidos pela presteza dos amigos espirituais, pouco importa – sua aproximação possui um propósito que vai muito além das nossas ou das suas vontades. Por esta razão, devemos tratá-los com toda atenção e com todo interesse cristão.

Nossa relação com esses espíritos há de ser fraterna. Ao se comunicarem conosco, através dos médiuns, requerem preces e palavras que possam consolá-los e alertá-los quanto ao que lhes acontece.

Não podemos nem devemos tratá-los como se fossem inimigos, como se fossem rivais. Ainda que se declarem assim, tal postura deve ser unilateral, não encontrando eco em nosso mundo interior. Caso repercutam, além de perder a oportunidade de fazer o bem, podemos estabelecer vínculos negativos que podem durar tempo suficiente para embaraçar nossas vidas.

Devem ser envolvidos em vibrações fraternas, de estímulo a que mudem de foco. Sim, nossa conversação deve conduzi-los a pensarem sobre o melhor para si mesmos e em tudo o mais que for capaz de demovê-los das fixações mentais em que se demoram. Não há lugar para a vã curiosidade, para a vontade mórbida de esmiuçar suas misérias sem um fim útil, sem objetivos nobres.

Diante desses espíritos, convém lembrar o velho ditado popular: "quando vemos as barbas do vizinho arder, colocamos as nossas de molho". É exatamente isso. Cada um desses espíritos constitui, para nós, uma mensagem viva, a dizer que, caso não observemos os deveres cristãos e as Leis Divinas, inscritas em nossa própria consciência, poderemos, amanhã, viver situação igual ou pior.

E se fossemos nós, ou um de nossos entes amados, os necessitados de amparo e compreensão?

Por uns e por outros motivos, o diálogo com esses espíritos há de constituir-se em momento especial, pois é quando podemos "ressuscitar os mortos", conforme a recomendação de Jesus.

Rita Foelker:

Na vida cotidiana, quando temas íntimos e difíceis estão em pauta, algumas palavras podem ser bálsamo ou punhal. Mas ainda é possível maquiar os reais sentimentos e intenções, com o tom da voz, a expressão facial e a escolha certa do que dizer.

No caso dos diálogos com os espíritos desencarnados, nossas intenções e sentimentos ficam mais transparentes, de modo que poderão realmente sensibilizar a criatura endurecida em seus ódios, tocar seres em sofrimento com a luz da esperança, se pautadas na convicção íntima e sincera.

As palavras têm seu peso, precisam ser respeitosas, simples, claras, afetuosas até, mas não apenas isso. Mais do que escolher as palavras, é importante estarmos conscientes do sentimento que nos move, que nos leva a abraçar a tarefa de ajudar irmãos na escuridão a enxergar alguma fresta de luz. Porque, perante os espíritos, nossas forças e fragilidades ficam à mostra, aquilo que emitimos como vibração não mente e os desencarnados eventualmente podem “ler-nos”, melhor que nós próprios.

Em vista disso, a humildade é a primeira qualidade desejável na pessoa que dialoga com os espíritos. Que não nos coloquemos na condição de instrutores, orientadores, mas apenas companheiros, amigos que estendem a mão ao necessitado, que está naquele momento onde nós já estivemos ou ainda estaremos.

A sinceridade na intenção de auxiliar é igualmente importante, percebendo que o que quer que embarace a jornada evolutiva do companheiro, por mais horrível e inquietante que seja, por mais que nos surpreenda, carece ser ouvido com respeito e isenção – afinal, a maioria de nós não se lembra atualmente das ações vergonhosas que praticou no passado.

Em muitas situações, esses seres, que nos chegam em frangalhos emocionais e declarando falência moral, muito têm a nos ensinar. Dão ensejo a pensar coisas que nunca pensamos, a enxergar por um ponto de vista até então desconhecido, a descobrir a riqueza da capacidade humana de cair e levantar-se, de ferir-se e encontrar a cura. São bênçãos que surgem na nossa caminhada e, certamente, não por acaso.

14 Temores e receios

Gilberto:

Lidar com realidades do invisível pode gerar temores e receios diversos. Efetivamente, sentimo-nos mais seguros com relação ao que podemos ver. O que fica oculto aos nossos sentidos físicos oferece asas à imaginação, a qual nem sempre consegue trabalhar a nosso favor.

Espíritos, fluidos, vibrações representam forças potentíssimas da Natureza, porém não suplantam o poder da fé e da vontade do bem.

De todas as realidades invisíveis, Deus é a maior, onipotente e incontrastável.

Aprendamos a mobilizar as forças presentes em nosso íntimo, não descurando do estudo e da pesquisa, que nos tornam mais claras as leis do mundo espiritual e reduzem as razões para o medo, infundido no passado reencarnatório, de tudo o que era considerado sobrenatural.

A mediunidade é um sentido natural das criaturas. Os espíritos pertencem à Natureza e somente agem dentro de suas leis. Tudo na Criação atende à vontade sábia do Criador. Portanto, não criemos coisas que não existem exceto nas mentes superexcitadas, ignorantes ou doentias.

Somos o que pensamos e vivemos em meio aos pensamentos que criamos.

Rita Foelker:

Imaginação é uma capacidade que muitas vezes usamos contra nós mesmos. É sobre isso que Gilberto nos alerta.

A mente é livre e, como já aprendemos durante o estudo sobre a Lei de Liberdade, em *O livro dos espíritos*, o ser humano é totalmente livre em seu pensamento. Isto significa que, em decorrência direta da liberdade, suas criações mentais são igualmente sua responsabilidade. Elas o acompanham, incentivam-no ou assombram, dependendo do seu teor.

Como passamos séculos envoltos em fantasias criadas pela nossa mente, a partir de histórias fantasmagóricas e sobre seres eternamente voltados ao mal, talvez nossa imaginação esteja ainda se nutrindo dessas imagens, acrescidas de medos incutidos na infância e histórias ouvidas por aí...

Precisamos substituir as ideias sem fundamento pelo conhecimento sólido do Espiritismo, que se constitui no melhor antídoto para todo o medo e a superstição. E aproveitar a nossa imaginação apenas no que ela tem de melhor.

Pedro Camilo:

Em seus comentários, Rita bem pontua como o imaginário popular e as ideias atávicas, registradas no nosso inconsciente profundo, como fruto das múltiplas experiências reencarnatórias, contribuem para que cerquemos a mediunidade e sua prática de um halo místico, surreal, misturando ilusão e fantasia ao caldo das vivências legítimas que logramos ter.

Trata-se de um problema sério, a ser enfrentado com seriedade e, sobretudo, serenidade. Conjugar as duas virtudes não é muito fácil. Às vezes, por conta do dever de sermos sérios, desprezamos a tranquilidade necessária à conservação do equilíbrio; em outras ocasiões, sob a justificativa de sermos serenos, desprezamos as medidas indispensáveis para o enfrentamento das questões, confundindo serenidade com leniência, com desleixo.

Os caminhos da mente são complexos. Como nosso conhecimento da realidade espiritual segue bastante limitado, assim como nosso vocabulário, ainda pobre de expressões e significantes adequados para caracterizar certos matizes do Além Túmulo, nossa apreensão dessa realidade se faz muito por associações, que sempre serão mais ou menos felizes, mais ou menos acertadas, conforme nossas referências e capacidade de discernimento.

Assim, diversos fatores influenciam na maneira como fazemos a leitura do mundo e dos fenômenos espirituais, tais como gosto literário e musical, formação profissional, inclinações artísticas, educação familiar, experiências religiosas prévias, dentre outros.

Todos esses fatores contribuem para que o médium faça as associações com o percebido e, por vezes, confunda-se na percepção, porque uma associação infeliz necessariamente conduz a uma tradução equivocada.

Infelizmente, temos visto isso se repetindo diariamente na atualidade. O desconhecimento dos processos da mente e do mecanismo de transmissão mediúnica leva a uma formação mediúnica deficiente, em que estas questões não são postas na mesa. Diferenças entre fenômeno, percepção, tradução, auto e alter-sugestão, projeção e transferência psicológicas não são sequer tangenciadas por quem orienta(?) os médiuns em seus exercícios iniciais. Disto resultam deficiências no modo de trabalhar do médium, que muito dificilmente serão corrigidas ao longo dos anos, dependendo, para isso, de uma tomada de consciência pelo medianeiro e de muita experiência de quem o esteja auxiliando.

Além disso, a quantidade de estímulos mentais que recebemos na atualidade não nos facilita a tarefa. A médium Yvonne Pereira relata, no livro *Recordações da mediunidade*, que o fato de ter morado alguns anos em Lavras, interior de Minas Gerais, foi fundamental para a consolidação de sua mediunidade e para a qualidade de sua atuação, tendo em vista que era uma cidade bem pacata, que não oferecia tantas distrações e estímulos que pudessem impressionar sua mente negativamente, conturbando a percepção e tradução do pensamento dos espíritos comunicantes.

Se lembrarmos que imaginação é a faculdade de representar determinados objetos pelo pensamento, veremos que o que dizemos tem tudo a ver com a abordagem de Gilberto e Rita. É imprescindível verificar quem somos e como reagimos a estímulos, observando como esses e outros fatores refletem na nossa filtragem mediúnica.

15 Mediunidade e segurança

Gilberto:

É importante que o médium sinta-se seguro quanto ao seu próprio potencial mediúnico. O exercício constante e as variegadas experimentações permitirão que aja com desenvoltura nas mais diversas expressões de sua faculdade.

O conhecimento adquirido em leituras e no diálogo com médiuns mais experimentados serão de suma importância no entendimento do que se passa durante as manifestações e na construção da atitude íntima mais propícia aos bons resultados.

No entanto, a firme certeza das próprias capacidades não será sinônimo da impressão de infalibilidade. Diante das multifacetadas personalidades desencarnadas de que será intermediário, sempre estará sujeito aos mais diferentes matizes do pensamento e das emoções, que poderá não estar apto a reconhecer sozinho. Mediunidade é porta aberta a contatos espirituais tão singulares quanto as características das personalidades comunicantes, e a verificação dos objetivos e propósitos das comunicações só pode ser feita, retomando cuidadosamente a escrita ou a fala, analisando-as para perscrutar-lhes as reais intenções.

Incomoda a alguns médiuns ter suas comunicações analisadas, geralmente pela própria insegurança. Mas ao seguidor do Cristo deve a verdade importar, acima dos personalismos.

Até porque, quanto mais minuciosa a análise da produção mediúnica, maior o conhecimento da própria mediunidade e maior poderá ser a segurança quanto às próprias possibilidades. O médium sincero não deseja permanecer iludido ou cego, porque a ilusão e a cegueira prejudicam seu desempenho, limitando as suas possibilidades de trabalhar na Seara do Bem.

Ao mesmo tempo, todo esforço sincero de desenvolvimento pessoal e aprimoramento mediúnico, ainda que pareça um pequeno passo, será levado à conta de inestimável conquista espiritual, quando não se envergonha de si mesma na pretensão de demonstrar qualidades outras que, embora desejáveis, ainda permanecem imaturas no imo do Ser.

Rita Foelker:

Um ponto importante sobre a produção mediúnica, ao qual os médiuns precisam estar atentos, é que ela não é sua. Sua produção mediúnica não lhe pertence.

Não no sentido de autoria. Um texto ou psicofonia tem um emitente: o espírito comunicante que, em geral, é um desencarnado, embora não haja impedimento para que uma alma encarnada em estado de sono ou desprendimento se comunique. E ele tem um destinatário, um encarnado a quem a mensagem se dirige ou, então, à coletividade a que foi enviada (grupo, sociedade etc.).

Algumas vezes o médium pode se confundir com o destinatário, embora, na minha experiência, eu note que, indiretamente, sempre podemos aprender algo com as mensagens que transmitimos, não somente pelo conteúdo em si, mas pelo todo da experiência. O médium, porém, não é responsável pelo que foi dito ou escrito, exceto como intérprete ou medianeiro.

Então, o que quer que resulte da análise de uma comunicação não deveria incomodar o médium. Pelo contrário, deveria auxiliá-lo, melhorar sua compreensão do fenômeno e conhecimento acerca dos espíritos que por seu intermédio se manifestam aos encarnados.

Mas o incômodo, a que Gilberto se reporta, pode ocorrer quando o médium se sente inseguro a respeito de si mesmo, quando se confunde com o fenômeno e toma para si as avaliações (por ele recebidas como) negativas. Talvez elas mencionem trechos onde há patente animismo. Ou seja colocada em dúvida a autoria que ele próprio atribuiu à mensagem. Ou o que ele achava tão bom e superior seja considerado uma comunicação sem grande novidade. E outras situações semelhantes.

Mesmo que tais impressões possam ser difíceis de aceitar, é importante abrir espaço para ouvir e dialogar a respeito das comunicações mediúnicas recebidas. Se não entender, peça melhores explicações. Se, como médium, você não concordar, exponha o seu lado. Se não lhe agradar, mas tiver evidências a favor, não tome nada disso como pessoal, acolha no intuito de mais aprender e de tornar-se uma pessoa (e um médium) melhor.

Pedro Camilo:

Falar de segurança na mediunidade permite, além das ponderações feitas por Rita, outras duas considerações: as inibições do médium e a sua necessidade de identificar-se nas comunicações que veicula.

As inibições do médium podem ser de dois tipos: as nascidas de sua própria insegurança e aquelas fomentadas pelo grupo. As primeiras têm origem na baixa autoestima do médium que se julga incapaz de "servir de instrumento aos espíritos", seja por julgar-se inferior, seja por julgar inferior seu potencial mediúnico. Médiuns assim inibidos esquecem-se de que ser ou não ser médium não é uma questão de moral, mas algo inerente a sua própria condição de espírito. Além disso, ignoram que a boa mediunidade não é aquela que se apresenta variada ou portentosa, capaz de produzir grandes fenômenos, mas sim aquela que, embora aparentemente "pequena", é direcionada para o bem e se dá a produzir os maiores fenômenos que se espera da mediunidade – o despertar da própria e das consciências alheias para a realidade espiritual do ser.

As inibições fomentadas pelo grupo, por sua vez, podem ser intencionais ou não intencionais. Em alguns lugares, surpreendemos companheiros que costumam afirmar aos médiuns que eles são inexperientes e não merecedores de produzirem certos fenômenos ou de serem assistidos por certos espíritos, o que os faz abortar qualquer possibilidade que fuja do "feijão com arroz" sugerido. Junto a isso, é possível que em grupos onde existam médiuns suficientemente experimentados, cujas faculdades já se encontram em bom grau de desenvolvimento e que se dão a tarefas delicadas, os demais médiuns se sintam constrangidos de atuar com suas possibilidades aparentemente diminutas, esquecidos de que não há bom médium sem bom grupo. Todo grupo, para bem funcionar, depende de cada um dos seus componentes, sem distinção. Um *notebook* pode parar de funcionar porque, embora seu disco rígido e seu monitor estejam plenos, um simples ponto de solda esteja solto ou frio. Assim, o que parece pequeno só o é na aparência, possuindo seu grau de importância quando o todo se revela um conjunto harmônico e bem orquestrado.

Assim, é importante que o médium, para trabalhar com segurança, se liberte de tais inibições, compreendendo que cada médium é uma possibilidade de serviço à parte, apresentando suas particularidades e sua relevância no trabalho espiritual.

* * *

O outro ponto a ser analisado é a necessidade do médium de identificar-se nas comunicações que veicula.

Conquanto os conteúdos das manifestações sejam dos espíritos, é o médium quem capta, interpreta e traduz tais conteúdos. Por conta disso, é muito comum surpreendermos, nas psicofonias ou nas psicografias, expressões, vícios de linguagem e maneirismos que são característicos do médium, o que pode fazer surgir a dúvida nele próprio e no grupo em que atua.

Tais ocorrências são perfeitamente normais e em nada descaracterizam os fenômenos ou desautorizam o médium. Dependendo do grau de passividade, de aprofundamento no transe e mesmo de bem-estar físico e mental do médium, as comunicações que veicula costumam ser impregnadas de formas de expressão e conteúdos dele próprio, haja vista que também ele, embora falando em nome de outrem, também está presente no processo mediúnico.

Cabe ao médium o exercício constante de buscar identificar-se nas comunicações em que colabora, a fim de aprimorar-se na prática mediúnica. Isto é possível por meio da autoanálise e da análise dos demais participantes do grupo, em que se poderá encontrar palavras, expressões, gestos e até ideias do médium presentes na comunicação e, desse modo, avaliar até que ponto elas apenas revestiram as intenções do espírito ou, de algum modo, interferiram naquilo que pretendiam apresentar.

Acreditamos que esse seja um bom caminho não somente para quem já é um médium seguro, mas também para quem ainda deseja conquistar segurança na mediunidade.

16 Utilidade, Verdade e Bondade

Gilberto:

Uma das questões mais importantes das reuniões mediúnicas é avaliar as comunicações recebidas. A mediunidade é um canal aberto à expressão das mais diferentes ideias, provenientes dos espíritos distribuídos entre diferentes graus evolutivos, os quais se pode conhecer pela Escala Espírita[9].

Apenas o desejo de receber boas comunicações e a boa intenção não se mostram suficientes para garantir a seriedade dos espíritos e a veracidade do que trazem.

Distante de conhecimentos básicos dos princípios que regem a vida espiritual, qualquer grupo pode se enganar quanto ao valor das mensagens que recebe.

Portanto, aos grupos mediúnicos não podem faltar os critérios mínimos de análise das mensagens. E quais seriam estes critérios, os quais confeririam segurança de poder decidir pela aceitação ou não das opiniões e orientações emitidas por via mediúnica?

Vamos recorrer à sabedoria de Sócrates, homenageada pela crônica do Irmão X intitulada "Os três crivos"[10]. Podemos aplicar, então como critérios:

---

9 (Nota da Médium) Ver *O livro dos espíritos*, questão 100 – Escala Espírita.

10 (N. M.)Ver o livro *Cartas e crônicas*, do Irmão X, Edição FEB.

Utilidade. Os espíritos elevados somente se comunicam para transmitir informações e orientações úteis, não desperdiçando oportunidades preciosas com palavras repetitivas e mensagens óbvias. Quando vêm a nós, colimam um objetivo, seguindo até ele de forma clara. Não elogiam inutilmente, mas trazem palavras de estímulo aos que abraçam a tarefa com dedicação e sinceridade. Suas mensagens sempre apresentam um fim prático;

Verdade. Também trazem a verdade para nos aproximar da verdade. Suas proposições sempre suportam o exame da lógica e a confrontação com os fatos. A verdade é o espelho do pensamento dirigido ao Bem, no qual não teme contemplar-se. As suas mensagens sempre satisfazem à razão, constituindo-se em exemplos de bom senso;

Bondade. As palavras dos Benfeitores Espirituais vêm sempre coroadas pelo halo do Amor. Suas orientações não buscam dividir as criaturas, porém uni-las; não ressaltam seus "defeitos", mas fazem descobrir qualidades; sempre visam confortar o coração criando proximidade, e não distanciamento. E são sempre expressões do mais elevado sentimento.

Não desejamos substituir as recomendações de Kardec, que sempre se fazem oportunas aos grupos que encaram com seriedade o compromisso que assumiram. Apenas resumimos, no intuito de destacar sua essência e reafirmar sua importância para tantos quantos se dedicam aos labores da mediunidade.

Rita Foelker:

Para mim, pessoalmente, o ponto chave deste texto é o parágrafo: "Distante de conhecimentos básicos dos princípios que regem a vida espiritual, qualquer grupo pode se enganar quanto ao valor das mensagens que recebe." "Qualquer grupo" significa desde os iniciantes até os mais antigos, de qualquer lugar do planeta, sem exceção, podem errar quanto à importância, correção e procedência das comunicações mediúnicas. Nenhum médium, dirigente ou grupo está isento.

E o que Gilberto propõe? Sem substituir as recomendações de Kardec, ele nos dá uma síntese de critérios essenciais – utilidade, verdade, bondade – baseado numa parábola em que Sócrates, o filósofo grego, é o personagem principal.

Quando fala da utilidade e nos remete à ideia de inutilidade, o autor se refere, não apenas ao que é obviamente inútil, mas também ao que é repetitivo. E me parece que há um parêntese a ser aberto aqui, para falarmos do âmbito desta utilidade. Porque a utilidade requer um complemento, que é perguntarmos: "útil, para quem?". Pois algumas mensagens são circunstancialmente úteis, numa determinada situação; ou são úteis a um grupo pequeno na sua vivência específica, no seu momento de estudo ou prática. Eventualmente, algumas mensagens são amorosas orientações particulares destinadas a uma única pessoa! Mas não repetem certos conceitos, se analisadas num contexto maior. Então, parece-me que um problema de certos grupos e médiuns é errar o âmbito da utilidade, imaginar que aquilo que lhes foi transmitido e serve de instrução, conforto ou complemento aos estudos efetuados, deva ser publicado, espalhado. Que aquilo se destina a uma grande comunidade ou, em delírios fascinatórios, à própria Humanidade terrena. Acabamos lidando com uma enxurrada de mensagens bonitinhas e bem intencionadas, que representam apenas "mais do mesmo", quando não trazem conteúdos estranhos e absurdos.

O conhecimento da Escala Espírita nos ajuda a construir um importante critério de avaliação das mensagens mediúnicas. Fica a sugestão para o seu estudo aprofundado.

Pedro Camilo:

Lamentavelmente, médiuns e grupos costumam cultivar uma atitude passiva diante dos espíritos, sobretudo quando estes se intitulam ou são "reconhecidos" como orientadores. E dizemos "lamentável", sim, porque tal passividade depõe contra o espírito crítico da Doutrina Espírita, além de representar o desperdício de boas oportunidades de aprendizado.

Espíritos são gente, temos dito e repetido. A Escala Espírita, proposta por Kardec em *O livro dos espíritos* e lembrada por Gilberto em suas lições, dá-nos conta da existência de classes de espíritos com que mantemos relação, com características variadas e que não se esgotam na classificação kardequiana.

Sabemos, de fato, em que ponto daquela escala se encontram os espíritos que nos "orientam"? Temos clareza de seu grau evolutivo, de suas limitações, de suas virtudes e de seus equívocos? Refletimos, com suficiente isenção de ânimo, sobre as palavras que proferem, as emoções que demonstram e os conteúdos que nos trazem?

Allan Kardec exercitava essa capacidade de percepção dos espíritos. Graças a isso, sabia identificá-los, compreendendo o *que* perguntar, o *como* perguntar e o *a quem* perguntar, tornando mais eficaz e produtivo o seu trabalho de consolidação do pensamento espírita.

Em nossos grupos mediúnicos, tal atenção não deve ser menor. Ainda que a **utilidade** das comunicações se restrinja ao universo das atividades da Casa ou mesmo à esfera individual de um ou de outro trabalhador, o impacto das mensagens espirituais costuma ser significativo, razão pela qual nunca será demasiado ter atenção.

Às vezes, procuramos saber de **verdades** para cuja descoberta não estamos suficientemente preparados. Tratando-se de espíritos esclarecidos, nossas impertinências serão ignoradas ou advertidas, enquanto espíritos pouco comprometidos com a verdade não se importarão em mentir, em ludibriar. Em todo caso, devemos lembrar que nem todas as verdades devem ser e serão ditas por quem realmente tem o dever de orientar, por compreender que certas informações devem ser preservadas e certos conhecimentos, conquistados através do estudo e da meditação.

É aqui que se situa o terceiro critério de Sócrates, lembrado por Gilberto: a **bondade**. Espírito bom ou imbuído do desejo de fazer o que é bom, jamais nos substituirá em nossos esforços, tampouco perderá seu tempo tratando do que não for útil e verdadeiro. Quanto mais sério e honesto, maior o cuidado, a atenção, o carinho e o estímulo à liberdade.

Empregar critérios claros e precisos de análise das comunicações mediúnicas nos garante autonomia e o respeito dos espíritos. Os levianos fugirão da nossa companhia, por saberem que não serão ouvidos e que, ao tentarem algo, serão desmascarados. Os sérios nos buscarão com interesse vivo, pois sabem que serão tratados como iguais e poderão, sem embaraços, ser eles mesmos, dialogando e construindo o que for melhor para o grupo.

É por isso que concordo com Rita, Gilberto, Sócrates e Kardec: precisamos estudar e exercitar. E que tal começar agora mesmo?

17 Bons médiuns

Gilberto:

Um bom médium não é necessariamente um médium perfeito. Aliás, nossas ideias de perfeição estão sempre a nos confundir...

Se um médium se considera perfeito e acabado, no pleno domínio de sua capacidade e conhecedor de todas as nuances do fenômeno mediúnico, o que se pode dizer a seu respeito é que está seriamente iludido. Tal possibilidade inexiste no plano dos presentemente encarnados no planeta Terra.

Se um médium se considera imperfeito, coloca-se em posição de inferioridade e de insuficiência de recursos e estará sempre produzindo aquém de suas reais possibilidades.

Bons médiuns vivem sua mediunidade com liberdade e responsabilidade; sabem que têm muito que aprender e não se furtam às lições; são autênticos na expressão dos fenômenos de que participam e colocam-se disponíveis para o trabalho com a Espiritualidade, cheios de fé e confiança.

Não se pede perfeição aos médiuns, até porque desejar ser perfeito pode ser um sintoma da vaidade que tanto empenho se faz por combater. Pede-se que os médiuns confiem no instrumento que Deus lhes colocou nas mãos, fazendo com que produza para o bem geral os frutos do esclarecimento e do alívio das dores da alma.

Pedro Camilo:

Nada mais grave, mais difícil de debelar do que a ilusão sobre si mesmo. Julgar-se mais ou menos do que se é leva o indivíduo a falsas apreciações da realidade, não lhe permitindo a clareza necessária para lidar consigo e com os diversos lances da vida.

Em mediunidade, essa ilusão é extremamente perigosa. Médiuns iludidos sobre si mesmos tornam-se presas fáceis em ações obsessivas de médio ou longo curso, com verdadeiro prejuízo para suas tarefas.

Duas autoilusões merecem atenção especial na prática mediúnica: o sentimento de superioridade e de inferioridade.

Os médiuns que se julgam superiores esquecem-se da sua condição humana, passando a acreditarem-se perfeitos e capazes de realizar os mais variados prodígios. Sua presunção os leva a ter "a pretensão de se acharem em relação somente com espíritos superiores. Creem-se infalíveis e consideram inferior e errôneo tudo o que deles não provenha"[11].

Os médiuns presunçosos também costumam se encastelar, abandonando a companhia das pessoas lúcidas, que seriam capazes de lhe mostrar os equívocos. Preferem caminhar sozinhos, cercados por pessoas idólatras e de pouca reflexão, dispostas a alimentar sua vaidade e seu orgulho. Não compreendem que a verdadeira superioridade é silenciosa, não se anuncia e busca, de preferência, estar com os mais simples, à semelhança do exemplo de Jesus.

Por outro lado, aqueles que se pensam inferiores seguem por um caminho igualmente perigoso. Desconhecem sua condição de "filhos de Deus", ignoram os potenciais que trazem consigo, não acreditam em si e nas próprias percepções e, em função disso, ou não conseguem operacionalizar suas faculdades mediúnicas, ou o fazem de modo precário e insatisfatório.

---

11 KARDEC, Allan. *O livro dos médiuns*. 71. ed. Rio de Janeiro: FEB, 2003, p. 280.

Encontramos muitos médiuns assim. São companheiros que passam toda uma vida em dúvida sobre se têm mediunidade ostensiva, que não se sentem "merecedores" de serem veículos de espíritos orientadores, que nunca percebem as possibilidades de auxílio e desperdiçam, sempre, as melhores oportunidades.

Ambos os médiuns, presunçosos e inibidos, colocam-se em dois extremos que levam ao mesmo resultado: improdutividade. Paralisam-se na superestima ou na ausência ou insuficiência dela, não se dando conta de que sua condição interior, de conexão com sua realidade íntima, reflete-se diretamente na saúde da sua vivência mediúnica.

Para ser médium e experienciar a mediunidade, não se requer perfeição. Aliás, como disseram os espíritos a Allan Kardec a esse respeito, "a perfeição não existe na Terra, sem o que não estaríeis nela. Dize, portanto, bom médium e já é muito, por isso que eles são raros"[12].

Assim, compreende-se o espírito Gilberto quando se refere aos *bons médiuns*, e não a *médiuns perfeitos*, haja vista que "médium perfeito seria aquele contra o qual os maus Espíritos jamais ousassem uma tentativa de enganá-lo. O melhor é aquele que, simpatizando somente com os bons Espíritos, tem sido o menos enganado"[13].

Daí porque, quanto mais livre e responsável, consciente de suas limitações e plenamente convicto de suas possibilidades, o médium desiludido de si mesmo, ou seja, que não se julgar nem superior, nem inferior, mas exatamente como é, será o mais adequado para produzir bons frutos na mediunidade, seja como instrumento dos espíritos orientadores, seja no atendimento de espíritos necessitados de toda ordem.

---

12 KARDEC, Allan. *O livro dos médiuns*. 71. ed. Rio de Janeiro: FEB, 2003, p. 333.

13 KARDEC, Allan. *Id., ibid.*

Rita Foelker:

O conhecimento das leis divinas nos convida à responsabilidade de sermos alguém perante a nós mesmos e respondermos à própria consciência. A exposição clara da moral sublime, presente no Livro IV de *O livro dos espíritos*, leva a entender a amplitude das consequências de nossos pensamentos, palavras e ações, onde se insere o trato com a mediunidade. Ou seja, o campo da mediunidade é também um setor da atividade humana onde aquilo que fazemos tem desdobramentos para nós mesmos e para outras pessoas, nesta ou noutras vidas.

Sempre entendi ser esta convicção, a da profunda responsabilidade pelas próprias escolhas, o principal efeito do estudo do Espiritismo que, sem sombra de dúvida, há de ser o companheiro inseparável do espírita e, por mais ampla necessidade, do médium.

Conhecer para atuar com segurança, com sinceridade de propósitos e com humildade, é o ponto de partida para uma prática mediúnica bem sucedida. Aplicar-se à prática mediúnica sem o conhecimento teórico de seus fundamentos, potenciais dificuldades e meios de superá-las, por outro lado, poderia ser considerado uma temeridade, pelo risco do envolvimento em processos de obsessão e fascinação que eventualmente extrapolam a esfera individual e atingem todo um grupo ou comunidade.

Mas, além do conhecimento dos fundamentos da filosofia espírita e da prática mediúnica, compete ao médium levar também a efeito a tarefa de buscar seu próprio autoconhecimento. Pois não é nada difícil o médium incauto tornar-se presa de ilusões, do orgulho e da vaidade que cegam, porque não identifica estas características como pertencentes ao seu próprio modo de pensar e agir. Crê-se imune a elas, e esta é a grande armadilha em que pode ser apanhado...

Somos seres em vias de evolução; no entanto, ainda pouco evoluídos. Quando Gilberto fala de nossas “ideias de perfeição”, é porque em nosso estado presente a perfeição pode ser meramente uma ideia, conjunto de conceitos e imagens que reunimos mentalmente e denominamos "perfeição". Um conceito mais próximo, mais distante ou, até, completamente dissociado da realidade.

Não temos possibilidade de conhecer a perfeição, porque ela não se limita ao que somos capazes de conceituar e certamente está muito acima de nossa capacidade de apreensão intelectual.

O que temos, então, é um modelo de perfeição em mente. Uma reunião de características do que supomos que deveríamos ser para nos considerar perfeitos. Como bem disse Calunga[14], contudo, "ser perfeito não é se encaixar num molde de pessoa ideal".

Resta-nos, então, a sinceridade da busca constante da melhoria nos pensamentos e sentimentos, na vida cotidiana, e o empenho em buscar a autenticidade e a humildade, no exercício da faculdade mediúnica.

---

14 CALUNGA. *Pensamentos que resolvem*. Psicografia de Rita Foelker. 1ª. Ed, 4ª. Reimp. Jundiaí: Gil, 2002.

18 Saúde sempre

Gilberto:

Todo o cuidado com o próprio equilíbrio, com a busca do justo repouso nas tarefas da mediunidade e toda responsabilidade para com o estudo são providências benquistas aos espíritos orientadores.

O médium que se propõe a tão somente servir aos trabalhos com a Espiritualidade, deixando de lado as leituras esclarecedoras, o lazer renovador e outras ocupações, além de não prestar um serviço aos espíritos, desserve a si mesmo e à mediunidade.

A prática mediúnica não deve causar estafa, perturbação emocional ou mental de qualquer tipo, porque é manifestação de uma faculdade natural do ser humano. Os erros de interpretação, os exageros advindos da falta de contato consigo mesmo e com os próprios limites, é que conduzem à desarmonia íntima.

A mediunidade não precisa ser a ocupação principal de nenhuma criatura encarnada, porque o preço desta escolha seria muito alto para a maioria dos espíritos habitantes da Terra, que têm seus compromissos reencarnatórios, suas famílias e profissões a quem precisam dedicar grande atenção. Além disso, os espíritos sérios jamais pedem exclusividade, porque se aproveitam das próprias circunstâncias da vida para semear boas sementes nos corações.

Temos o direito de aplicar nossa mediunidade, assim como quaisquer outras capacidades, segundo o livre-arbítrio. Mas temos o dever moral de preservar nossa saúde física, mental e emocional, que são requisitos básicos para o melhor exercício mediúnico.

Rita Foelker:

A saúde não é apenas estar com o corpo "em ordem". Porque o corpo está inserido num contexto maior.

A filosofia espírita fala numa tríade: espírito, perispírito e corpo físico. O que já pressupõe a estreita interação entre eles, que compõem, em síntese, aquilo que cada um de nós é. O *kit* que levamos pela existência afora.

Mas, pessoalmente, entendo saúde num espectro mais amplo. Pessoalmente, simpatizo com a concepção da *ayurveda*.[15], que considera o homem um microcosmo (pessoa) interagindo num macrocosmo (meio) e procura diagnosticar focos de desarmonia nos diversos níveis dessas interações. Não se visa tratar um órgão do corpo, como se ele estivesse separado do restante, sem considerar outros fatores. Pelo contrário, cura e prevenção levam em conta o todo das relações da pessoa consigo e com o meio.

O médium, mais que outras pessoas, percebe e compartilha muitas camadas de relações interpostas. Ele se relaciona com seu próprio ser, moralmente, e sua ação, pensamentos e estados emocionais afetam seu perispírito e corpo. Relaciona-se com seus familiares, amigos, colegas, absorvendo, desses meios, outras tantas influências invisíveis, além daquilo que vê, ouve e o afeta materialmente. Recebe do meio social e da mídia, impressões múltiplas, discrepantes, entre as quais necessita estar centrado e consciente. E tem ainda o contato com pensamentos e emoções presentes nos ambientes em que circula e com as emanações dos espíritos que alcançam seu campo de afinidade e possibilidade de sintonia.

15 A medicina ayurvédica é um dos mais antigos sistemas medicinais da Humanidade, tendo surgido a cerca de 7 mil anos, na Índia. A palavra *ayurveda*, em sânscrito, pode ser traduzida como "conhecimento da vida".

Aymará, um de nossos orientadores espirituais, alerta:

1) "Somos os primeiros responsáveis por nós mesmos" e

2) "Nem todas as visões de um ser devem adentrar sua alma ou participar de sua vida".

A experiência pessoal recolhida no campo da mediunidade corrobora as palavras de Aymará, chamando a atenção para as situações com que nos ligamos, para as quais damos espaço nos pensamentos e no mundo íntimo. Isso, sem descuidar do nosso "estar bem" em todos os níveis.

Pedro Camilo:

Uma boa prática mediúnica é fonte geradora de saúde e pressupõe que estejamos saudáveis. Tal estado de boa saúde – gerada pela e necessária para a prática mediúnica – é decorrência direta do nosso modo de ver, sentir e ver a mediunidade, motivo pelo qual precisamos trazer algumas reflexões.

Temos sustentado, em todas as nossas abordagens, que a mediunidade é uma capacidade natural, que dever ser vivida com naturalidade. Em sendo natural, deve ser inserida na pauta diária e normal das necessidades do seu portador, sem que isso perturbe a ordem de seus dias, de seus compromissos profissionais, sociais e afetivos.

É claro que o médium, compreendendo a sutileza das forças invisíveis e bem dimensionando as próprias possibilidades e limites, criará, para si mesmo, rotinas e padrões, emocionais e de comportamento, tendentes a preservá-lo de influências menos felizes, de meios que ofereçam risco à harmonia interior e de atividades que lhe despertem sentimentos incompatíveis com a sua busca pela espiritualização. Entretanto, tal perspectiva não pode – e não deve!

– implicar na assunção de uma vida de absurdas privações, para as quais ainda não se está preparado, pois que tal escolha representará um caminho de percalços e sofrimentos desnecessários a uma prática mediúnica saudável, tal como nos propõe o Espiritismo.

O espírito Gilberto foi bastante feliz no seguinte parágrafo, que pedimos licença para transcrever:

> A mediunidade não precisa ser a ocupação principal de nenhuma criatura encarnada, porque o preço desta escolha seria muito alto para a maioria dos espíritos habitantes da Terra, que têm seus compromissos reencarnatórios, suas famílias e profissões a quem precisam dedicar grande atenção. Além disso, os espíritos sérios jamais pedem exclusividade, porque se aproveitam das próprias circunstâncias da vida para semear boas sementes nos corações.

Temos visto companheiros que, espelhados na conduta de médiuns que se tornaram referências para todos nós, quais Chico Xavier e Yvonne Pereira, pretendem renunciar a tudo e a todos, com o fim único de se dedicaram à mediunidade. Esquecem-se, porém, de que cada criatura traz, consigo, sua carga existencial, determinante daquilo de que precisa e do quanto pode fazer. Como cada ser é único, cada experiência também é única, não devendo ser simplesmente imitada sem que haja um propósito superior e verdadeiras condições de cumprimento, além de motivações nobres que as justifiquem.

Os médiuns citados, por exemplo, renunciaram a uma vida afetiva mais intensa, com a constituição de família pelos laços matrimoniais, cada um com sua motivação e sua necessidade. No entanto, a grande maioria de nós mantém vinculações estreitas com a retaguarda, além de possuirmos, como condição de equilíbrio e sobriedade, a necessidade de uma vivência afetiva e sexual mais intensa e duradoura, para preservarmos a saúde do corpo e da alma.

Ainda lembrando de Chico Xavier, sua entrega mais direta à prática espírita se deu depois que cumpriu uma série de deveres: com a família, após ver encaminhados seus parentes mais próximos, e profissionais, após trabalhar o tempo necessário para se aposentar. Tais atitudes revelam como o médium mineiro bem compreendia a necessidade de atender aos seus compromissos, por assim dizer, com a "vida física", como fonte de equilíbrio e de saúde.

De um modo geral, nós, os médiuns, temos deveres sociais, familiares, profissionais e afetivos, além dos compromissos mediúnicos. O grande "x" da questão é dividir tempo e espaço adequadamente, para atender a cada um deles na medida certa, pois não podemos esquecer a família, o lazer, a profissão e demais afazeres sob a justificativa de nos dedicarmos à mediunidade. Também ali, nessas outras tarefas, possuímos vinculações cármicas, que devem ser devidamente atendidas e respeitadas, sob pena de figurarmos como fugitivos da própria consciência.

Mediunidade é convite à transformação no bem, com reflexo em todas as áreas de atuação do indivíduo. Se não a situarmos no devido lugar, emprestando-lhe o tempo, o espaço e a atenção devidos, não teremos uma vivência mediúnica saudável e, por conseguinte, não geraremos saúde, para nós e para quem, direta ou indiretamente, venha se beneficiar da nossa tarefa mediúnica.

19 Consciência em paz

Gilberto:

Só existe uma força capaz de enfrentar as incompreensões e os julgamentos, capaz de suportar a dor das frustrações e desilusões, que são processos da vida, de encontro da verdade, mas, nem por isso, menos doridos.

É a força de uma consciência em paz.

As pessoas se quebram quando não estão inteiras naquilo que fazem. E só quando estamos com nossa consciência, estamos inteiros.

O campo da mediunidade, da convivência com a faculdade mediúnica e com o grupo de serviço, apresenta dessas situações.

Sempre haverá interpretações acerca da conduta desejável para os médiuns e dos procedimentos adequados a uma reunião séria. Mesmo quando há um esforço sincero de busca de entendimento e aplicação de princípios espíritas, as criaturas nem sempre são felizes ao expressar suas opiniões.

Por isso, a bússola do médium é a sua consciência, norteada pela humildade e pela aceitação dos pontos de vista alheios como um seu direito inalienável.

Ouça as observações, à primeira vista, ferinas e mal-intencionadas, como oportunidades que lhe são oferecidas de reafirmar sua fé no que considera certo, e agradeça.

Não se detenha ao pé da letra do que foi dito. Educar-se para a prática mediúnica é afinar a própria sensibilidade para ouvir além das palavras, enxergar além da aparência.

Rita Foelker:

Que diferença faz ter a consciência em paz? Vejamos.

Todos nós temos, dentro de nós, uma escala de valores. Valores são pensamentos que norteiam nossas condutas, definindo aquilo que, para cada um de nós, é certo ou errado, justo ou injusto, aceitável ou intolerável.

Esses valores que carregamos pela vida podem ser falsos ou verdadeiros. Podem ser passageiros, duradouros, podem ser até imortais, se baseados nas leis divinas que transcendem as épocas e os lugares.

Como seres na jornada evolutiva, a partir de certo ponto, passamos a adotar valores que correspondem às nossas aspirações íntimas de progresso espiritual, de bom convívio com as demais criaturas, respeito por si e pelos demais seres da Criação.

No momento evolutivo que a maioria de nós, encarnados na Terra, atravessa, é comum misturarmos, dentro de nós, valores falsos e verdadeiros, passageiros e perenes. É a condição da maioria encarnada na Terra.

Mas quando estudamos a filosofia espírita e compreendemos suas consequências em nossas vidas, ansiamos cada vez mais por pautar nossos pensamentos, palavras e ações em valores verdadeiros e imortais. E é aqui que se situa, segundo imaginamos, o médium espírita.

O estudioso do Espiritismo que também inicia a prática mediúnica, pela própria experiência do contato com criaturas em diferentes faixas evolutivas, tem oportunidade de fazer suas escolhas pessoais com maior discernimento.

E agir segundo os valores em que acreditamos é fonte de bem estar, de tranquilidade, de apaziguamento emocional. Quando agimos contra nossos valores, sentimo-nos inadequados ou culpados. Com a consciência pesada. Em falta conosco mesmos.

Como toda questão emocional, sobretudo as que mais nos abalam, afetam a prática mediúnica, procurar a coerência de nosso proceder com nossos melhores valores irá influenciar positivamente, não apenas o momento do exercício da mediunidade, mas a própria vida. Eis a diferença!

Pedro Camilo:

Todos esperamos do médium que seja irrepreensível no seu viver. Palavras, atos e pensamentos devem ser as mais belas, os mais corretos e os mais elevados, respectivamente.

Até o próprio médium, impelido pelas cobranças exteriores, exige de si mesmo uma conduta reta, ponderada, isenta de erros, como se devesse atingir a santidade pelo fato de ser médium e para atuar na mediunidade.

Exigências dessa natureza são plenamente descabidas. Não só porque a mediunidade é algo natural, cuja manifestação é independente da condição moral do ser, como também porque se esquece de que, antes de qualquer coisa, o médium também é gente, uma pessoa como outra qualquer, sujeita a um corpo de carne, que traz consigo suas necessidades evolutivas e que vive a lidar com seus desejos e anseios.

Médium algum pode – ou deve – oferecer, muito menos deixar que dele se espere a perfeição. A mediunidade torna o médium mais responsável, sem dúvidas, mas não um ser especial, que deve viver fora do mundo, longe das suas lutas, dores e variadas necessidades.

A tentativa de viver uma vida diferente tem conduzido médiuns a estados neuróticos e, até mesmo, psicóticos. Cobram-se e se deixam cobrar um padrão de comportamento que ainda não atingiram, o que leva a uma cisão do ser, que não se assume como é e finge ser o que não é, mas que gostaria de ser.

Para viver saudavelmente na e com a mediunidade, é preciso que cada médium seja simplesmente quem é, sem tirar nem por. Que se esforce por ser melhor, sem dúvidas, mas que seja ele mesmo, deixando de lado qualquer pretensão de santidade ou de tornar-se igual a este ou àquele médium que lhe serve de referência.

E isso requer que se assuma e se aceite como ser humano, passível de erros e acertos, boas e más qualidades, possibilidades e limites que devem ser conhecidos, respeitados e devidamente trabalhados no bem e para o bem.

Suas imperfeições não precisam ser escondidas, assim como não precisam ser escancaradas. Suas virtudes não necessitam de alarde, bem como não devem ser subestimadas. Cada passo certo e cada passo em falso devem ser festejados como etapas de um aprendizado que não tem fim, que nos torna não só mais humanos, como também "mais espíritos".

Ser médium é, enfim, simplesmente ser – e tal simplicidade é o que conferirá a cada médium o direito e o benefício de trazer, consigo, a consciência em paz!

20 Reino do Espírito

Gilberto:

Gosto de pensar que o Cristo veio anunciar o Reino das alegrias do Espírito.

Algumas tradições religiosas gostam de salientar o quanto ele sofreu, quanto sangue verteu, o quanto foi humilhado... numa visão triste e dolorosa. Mas o Reino de Deus é o reino da paz, do pensar límpido e claro, das metas atingidas, da boa música e poesia, do conhecimento aplicado e do sentimento enobrecido.

Sempre vemos em torno de nós aquilo que grita dentro de nós, porque é o nosso brado interior o que ouvimos, verdadeiramente. A dor física, a tristeza e a humilhação compõem a realidade íntima da maioria das criaturas da Terra. Eis porque, com elas, tanto nos identificamos.

Mas o Cristo veio nos falar da ventura de conhecer a imortalidade, de seguir incólume ainda quando a realidade física se esfacelasse, de triunfar sobre a dor e sobre a ignorância com as forças perenes da alma, ora desconhecidas, mas jamais ausentes.

O Cristo veio nos falar do Pai que todos tínhamos antes mesmo de saber, e que vela por nós na eternidade, em amorosa presença.

E uma das alegrias do espírito é descobrir as próprias capacidades. Descobrir que pode caminhar, que consegue ler, que sabe escrever uma carta, preparar uma refeição. Por isso, quando descobrimos dentro de nós a capacidade mediúnica ensaiando seus primeiros voos, não é necessário que nossas mentes se encham de temores e preocupações. A mediunidade é um precioso convite ao aprimoramento individual, uma excelente oportunidade de ampliar nossa compreensão da vida, de descobrir amizades no "outro plano"; é um campo que, regado pelas virtudes, muito pode produzir em favor do médium e das pessoas que o cercam.

Mediunidade não é sofrimento, não precisa ser, e se há pessoas que sofrem agruras nos contatos mediúnicos, isto não se deve à mediunidade, mas às suas próprias questões íntimas ainda não resolvidas.

Deus não nos concederia a mediunidade como instrumento de suplício e desequilíbrio, mas como luz a iluminar as sendas do progresso espiritual. Cabe a nós acendê-la e mantê-la em alta consideração em todos os momentos, como a candeia sobre o alqueire porque, muitas vezes, agimos como cegos, espiritualmente falando, não porque tenhamos cegueira, mas porque nos colocamos na escuridão.

Rita Foelker:

"Muitas vezes, agimos como cegos, espiritualmente falando, não porque tenhamos cegueira, mas porque nos colocamos na escuridão."

Tem frases dos espíritos amigos que me deixam pensando e esta, que encerra o texto de Gilberto, mexeu comigo.

Ela significa que somos seres com capacidades perceptivas intactas, com bom potencial para perceber em torno de nós aquilo que nos acrescenta, segundo nosso plano de evolução espiritual. Aquilo que nos ensina, por intermédio de nossos sentidos, sendo a mediunidade apenas mais um.

Contudo, segundo Gilberto, colocamo-nos na escuridão, por isso, não enxergamos.

Para onde aponta a metáfora da escuridão? Pensei primeiro na falta de conhecimento. De fato, excursionar pelas paragens da mediunidade sem conhecimento, sem estudo prévio dos mecanismos e das leis do intercâmbio espiritual, é arriscar-se como um cego em terreno acidentado. E além de agir sem noção de consequências, perdemos boa parte das possibilidades de observar e aprender, pelo fato de não estarmos com a mente preparada pela base teórica.

Mas parecia haver ainda algo mais a se incluir, nessa escuridão. E bem quando estava pensando sobre isso (talvez, providencialmente), surgiu perante meus olhos um texto com conteúdo atribuído ao Dalai Lama[16], onde se afirma que

> [...] a preguiça interrompe o progresso de nossa prática espiritual. Podemos ser ludibriados por três formas de preguiça: a que se manifesta como indolência, que é o desejo de adiar; a que se manifesta como sentimento de inferioridade, que é duvidar da própria capacidade; e a que se manifesta com a adoção de atitudes negativas, que é dedicar um esforço excessivo àquilo que não é virtude.

Podemos, creio eu, considerar essa prática espiritual em sentido amplo, como tudo aquilo que exercitamos em favor de nosso desenvolvimento como espíritos. Podemos considerar a mediunidade como um campo propício a este exercício.

E não é tão raro assim nos encontrarmos diante dos adiamentos infindáveis, com respeito ao aprendizado e aprimoramento na prática mediúnica. Ora, porque não se tem tempo; ora, porque não se confia

---

16 SERAFIM, Glauber. *Os princípios da felicidade – Dalai Lama*. Em algum lugar do mundo (blog), em 09/09/2012.

que da própria mediunidade possam resultar bons frutos; ora, porque estamos muito ocupados em tarefas cujas motivações são mais imediatas ou egoístas.

Não há cobrança aqui, como em nenhum trecho da vasta Codificação Espírita. Há a necessidade de um exame sobre nossas prioridades: estamos realmente buscando viver o Reino de Deus? Ou apenas falamos sobre ele, quando nos dirigimos a outra direção, trocando a luz no caminho pela habitual, cotidiana escuridão de nossa ignorância e preguiça?

Pedro Camilo:

A descoberta da mediunidade em si deve ser vista e sentida como um especialíssimo momento no processo evolutivo do espírito. Tratando-se de "um precioso convite ao aprimoramento individual", a mediunidade é responsável por "ampliar nossa compreensão da vida", permitindo o conhecimento e a vivência da realidade espiritual, aquela de onde viemos e para a qual retornaremos, após a desencarnação.

Curiosamente, grande parte daqueles que se descobrem médiuns não se regozija com essa descoberta. Ao contrário, muitos são os que fogem dessa possibilidade, sob as mais variadas alegações, ignorando o mundo de novos aprendizados e de novas conquistas que a mediunidade abre para todos nós.

Fugindo da mediunidade, não sabem que talvez estejam fugindo do caminho da felicidade. Sim, isso mesmo! Como a mediunidade descortina a verdade sobre nós mesmos, e como o conhecimento da verdade é o que nos liberta, conforme ensinou Jesus, fugir da mediunidade é não buscar a libertação pelo conhecimento da verdade espiritual, permanecendo preso às ilusões da matéria.

A mediunidade, assim, é um grande convite à verdade, que não só nos convida a sentir, como nos ensina a ser e viver como espíritos. Porque somos, sim, espíritos, transitoriamente enclausurados em um corpo denso e suscetível, mas cuja finalidade é talhar, em nós, as lições de coragem, força e superação de nós mesmos.

E somente sentindo, sendo e vivendo como espíritos é que teremos condição de ingressar, em plenitude, nesse Reino do Espírito, que é o Reino dos Céus das lições de Jesus, e que nada mais é do que o Reino de Nós Mesmos!

Referências

BULAMARCK, Samuel (espírito). *Médium: conhece-te a ti mesmo*. Psicografia de Lindomar C. da Silva. 2ª ed. Ilhéus/BA: Maiêutica, 2013.

CALUNGA. *Pensamentos que resolvem*. Psicografia de Rita Foelker. 1ª. Ed, 4ª. Reimp. Jundiaí: Gil, 2002.

CAMPOS, Humberto de (espírito). *...É quase amanhã!* Psicografia de Gilberto C. Guarino. Niterói: Arte & Cultura, 1989.

DOYLE, Arthur C. *História do Espiritismo*. São Paulo: Pensamento,1960.

FOELKER, R. Pulando fora da gangorra emocional. *Famílias espiritualmente inteligentes*. Jundiaí/SP: Gil, 2014

GOLEMAN, Daniel. *Inteligência emocional*. Rio de Janeiro: Objetiva, 1995.

KARDEC, Allan. *Instruções práticas sobre as manifestações espíritas*. São Paulo: Pensamento, 1995.

KARDEC, Allan. *O livro dos espíritos*. 76ª ed., Rio de Janeiro: FEB, 1995.

KARDEC, Allan. *O livro dos médiuns*. 71. ed. Rio de Janeiro: FEB, 2003.

MIRANDA, Hermínio C. *Diversidade dos carismas*. V. I e II. 3ª ed. Rio de Janeiro: Lachâtre, 2000.

NOVAES, Adenáuer. *Psicologia e mediunidade.* Salvador: Fundação Lar Harmonia, 2002.

PALHANO Jr., Lamartine. *Dimensões da mediunidade*. Rio de Janeiro: Celd, 1998.

PEREIRA, Yvonne A. *Recordações da mediunidade*. 7ª ed. Rio de Janeiro, FEB, 1992.

PIRES, José H. *Mediunidade: vida e comunicação.* 5ª ed. São Paulo: Edicel, 1984.

SERAFIM, Glauber. *Os princípios da felicidade – Dalai Lama*. Em algum lugar do mundo (blog), em 09/09/2102. Disponível em http://migre.me/fX0SC. Acesso em 28 Mai 2014

SILVA, Lindomar Coutinho da. *Emoções e sentimentos na escola: uma certa dimensão do domínio afetivo*. Ilhéus: UFBA/UESC, 2002. Disponível em http://migre.me/jqWIP. Acesso em 02 Mar 2014

LANÇAMENTOS

MENTE ABERTA

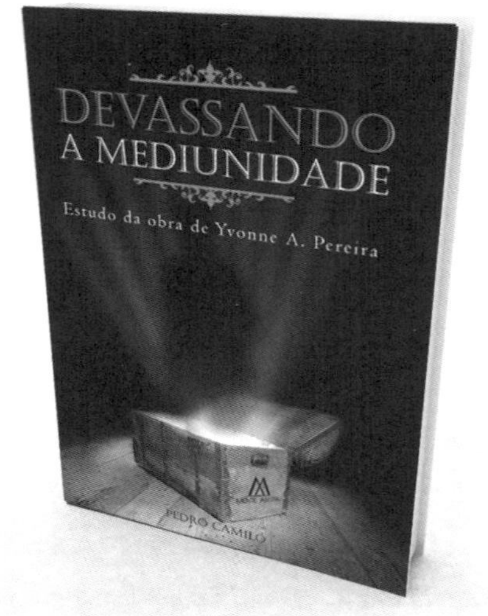

Devassando a Mediunidade

Estudo da obra
de Yvonne A. Pereira

Neste livro, Pedro Camilo estuda a mediunidade na obra de Yvonne do Amaral Pereira, tendo, como referências, *Devassando o invisível* e *Recordações da mediunidade*, espelhos fiéis da experiência que a médium acumulou em mais de sessenta anos de mediunidade.

Com tal proposta, o autor aborda temas de grande importância prática, como vidência, premonição, manifestação de espíritos indígenas e comportamento mediúnico, a partir de perguntas formuladas no início de cada análise e girando em torno, preferencialmente, de trechos destacados das duas obras mencionadas, embora também sejam utilizados outros livros da médium, a exemplo de *À luz do consolador* e *Dramas da obsessão*, esse ditado pelo espírito Bezerra de Menezes.

Devassando a mediunidade é obra atual e oportuna. Vale a pena conferir!

LANÇAMENTOS

MENTE ABERTA

Mediunidade para Entender e Refletir

Prefácio de
Hermínio C. Miranda

"Compreender o sentido e alcance das lições contidas em *O livro dos médiuns* torna-se especialmente importante, e é nessa busca que o livro do querido Pedro Camilo contribui de modo bastante consistente. O autor seleciona trechos que esclarecem tópicos importantes, como o desenvolvimento e a educação dos médiuns, bem como a percepção da qualidade moral e intelectual dos Espíritos comunicantes. Propõe também reflexões importantes sobre as evocações – tema controverso – e os romances mediúnicos, um fenômeno de vendas que não ocorria à época de Kardec, mas que hoje em dia merece análise, em vista da qualidade desigual dessas obras e de alguns equívocos científicos e filosóficos que apresentam.

Aqueles que já conhecem *O livro dos médiuns* poderão revisitá-lo, apreendendo novos ângulos. Mas aqueles que nunca o leram podem sentir-se estimulados a conhecer obra tão fundamental, simples e indispensável para a boa prática e vivência da mediunidade." (Rita Foelker)

Esta edição foi impressa em Dezembro de 2014, pela Mark Press Brasil Indústria Gráfica, São Paulo, SP, para a Editora Mente Aberta, em formato fechado 140x210 mm e com mancha de 100 x 172 mm. Os papéis utilizados foram o Off-set 75 g/m^2 para o miolo e Cartão Supremo 300 g/m^2 para a capa. O texto principal foi composto em Apajarita 12 pt, as citações em Apajarita 10 pt, os subtítulos em Estrangelo Edessa 18 pt e os títulos em A Day Without Sun 48 pt. A programação visual da capa foi elaborada por Vlad Lobão.